MAMÁ
BRILLA CON
LUZ PROPIA

MAMÁ
BRILLA CON LUZ PROPIA

Ha llegado el momento de convertirte en la mujer que has venido a ser.

Diany Peñaloza

Título: *Mamá brilla con luz propia*
© 2019, Diany Peñaloza

Autoedición y Diseño: 2019, Diany Peñaloza

"Hay una fuerza motriz más poderosa que el vapor, la electricidad y la energía atómica. La voluntad".

Albert Einstein

Dedicado a ti, que eres mujer y que también eres madre, porque nuestro papel en este mundo terrenal es el más importante.

Te lo dedico a ti, mujer despierta, que estás cansada de vivir una vida que no te corresponde.

Ha llegado el momento de ponerte en pie e ir en busca de tus sueños y anhelos.

Tú, querida mamá, deja de buscar la luz artificial y sal ahí fuera a conquistar tus sueños.

Brilla con luz propia.

ÍNDICE

AGRADECIMIENTOS

Escribo este libro con un profundo agradecimiento a mi Dios, por brindarme esta vida tan llena de dicha.

Gracias, por supuesto, a mis padres, que me han estado acompañando en todo este proceso, vosotros sois mi más grande pilar.

Gracias a mis amados esposo e hija, son lo más bello que existe en esta vida para mí, gracias por ser parte de mi superequipo.

Los amo, mis guapos.

Hay seres especiales que dejan una huella imborrable, no importa nuestras diferencias como especie, los lazos afectivos se crean siempre que existe un alma y un gran corazón.

Paris y Tous, mis amados hijos perrunos, sé que siguen a mi lado. Gracias por tantos años de amor incondicional, os he perdido con una semana de diferencia hace muy poco. Sin duda los tiempos de Dios son perfectos.

Un beso al cielo.

Gracias a ti, querida lectora, que has decidido convertirte en tu mejor versión, Dios te bendice.

GRACIAS, GRACIAS, GRACIAS.

INTRODUCCIÓN

Amada lectora, quiero darte la bienvenida a esta tu recta final en el camino hacia tu transformación en una mamá superpoderosa.

Debes estar muy orgullosa de haber ya descubierto tus poderes interiores más importantes para mantenerte fuerte mentalmente, así como seguramente ya has podido trabajar en potenciar tu poder rojo, con el cual has descubierto el amplio abanico que tiene el amor para darlo y recibirlo.

En el segundo tomo trabajaste para conseguir reencontrarte con tu esencia de mujer, aquella que habías dejado en pausa un momento para volcarte en tu papel de mamá.

Ahora que ya has logrado esa fusión, ha llegado el momento de ir un paso más allá.

Recuerda que en tu poder rojo descubriste que dentro de ti existe una mujer llena de sueños que hasta ahora había estado viviendo los sueños de todos menos el suyo.

Ahora que ya sabes cómo equilibrarte como madre y mujer, toca tomar acción de verdad y dar los pasos necesarios hacia donde realmente quieres llegar.

Ha llegado la hora de triunfar, porque si bien es cierto que ahora eres una guía cuidadora de tus hijos, también es cierto que eres la principal muestra de lo que se debe y no hacer.

Eres un ejemplo que seguir para ellos, por ello es tu deber empezar a trabajar más en ti para sacar ese brillo que hasta ahora estaba dormido dentro de ti.

Con este libro vamos a trabajar en dejar salir esa luz maravillosa que posees en tu interior y con la cual lograrás una total transformación.

Te mostraré que existen muchas mujeres que son madres y que ya están brillando con luz propia.

Descubramos juntas sus secretos y dejemos de lado los sentimientos negativos como la envidia, veamos tan solo la realidad de lo que nos muestran, el aprendizaje verdadero.

Si ellas pueden, tú puedes.

Hasta ahora has estado caminando con una gran fe certera, ya que, si has trabajado debidamente los dos tomos anteriores, has podido descubrir que tu base está dentro de tus poderes verde, rosa y azul. Así como reconoces el amor verdadero que te otorga tu poder rojo, ese poder del amor infinito que no debes olvidar y siempre iniciarlo amándote a ti misma por sobre todas las cosas.

El trabajo es constante, no te estoy revelando una pócima mágica, te estoy enseñando los **métodos y técnicas más efectivos** para mejorar tu vida como madre.

Pero, como bien sabes, el trabajo no se acaba nunca. Por ello, deberás trabajar cada día para ver las bendiciones en tu vida.

Ahora ha llegado el momento de que conozcas **el quinto poder,** con el cual te vas a empoderar, sacando tu feminidad en su máxima expresión.

Estoy hablando del **poder lila**, ya que seguiremos trabajando con los colores como aliados, haciendo de anclajes para ayudarnos con nuestra percepción.

Este **poder lila** es el poder de la espiritualidad, lo cual te catapultará al éxito.

Pero, en realidad, el éxito ya es tuyo desde que viniste a este mundo; has nacido exitosa porque nuestro Dios, el universo, energía, o como quieras llamarle a esa fuente inagotable de amor que te ha creado y de la cual todos formamos parte, así lo quiso.

Recuerda que desde el fondo de mi corazón te respeto en tus creencias, por ello, elige tú el nombre de esta fuente de amor que nos ha creado.

Pues bien, te ha creado con la luz del éxito porque sabe que eres única y especial. Eres su hija y te quiere ver brillar en el firmamento.

El problema es que lo has olvidado y has dejado entrar a lo largo de tu vida diferentes creencias que han venido modelando tu vida actual.

Ahora que ya tienes las herramientas necesarias para equilibrarte como mujer y madre, es hora de que dejes salir a tu niña interior y escuches fuerte y claro el verdadero motivo por el cual estás aquí, es decir, tu verdadero **propósito de vida**.

¿Sabes cuál es? ¿Sabías que los seres humanos tenemos millones de habilidades y tendemos a pensar que tan solo una de ellas es nuestro propósito?

La realidad es que nuestras habilidades tan solo son nuestras herramientas para llevar a cabo nuestra misión de vida con éxito, pero para lograrlo primero debes tener muy claro tu propósito.

Recuerda que el éxito no se resume a ser una persona famosa.

¿Cuántas personas famosas conoces que su vida es una completa miseria?

Ser exitoso es mucho más que eso.

Puedes ser perfectamente una ama de casa superexitosa con resultados extraordinarios en todos los ámbitos de tu vida, mientras que también puedes ser la estrella de Hollywood más desgraciada de todos los tiempos.

Con este tercer tomo te ayudaré a descubrir el verdadero éxito que tu poder lila te regala.

Ha llegado el momento de encontrar tu propósito de vida real, aquel que tantas veces has pensado que ya estabas realizando y que luego te has dado cuenta de que lo que haces en la actualidad no te llena del todo, descubres que en realidad estás dando de lado a tu poder lila.

¡Vamos, que te lo presento!

Ahora te invito a dar ese primer paso de compromiso, ¿qué te parece si te haces una foto con este libro y la compartes en tus redes sociales?

Compártela con el *hashtag* **#lossuperpoderesmb**

En ella escribe: "**Soy una mamá que brilla con luz propia**".

Ayúdame a dar a conocer este mensaje para que muchas mamás se atrevan a transformar su vida completamente, viviendo la vida que siempre habían soñado tener y al mismo tiempo bendiciendo a sus hijos con esa luz maravillosa del éxito.

Creemos juntas un mundo de mamás felices y exitosas.

Porque todos estamos conectados y lo que haces tú nos afecta a todos.

"He fallado una y otra vez en mi vida, por eso he conseguido el éxito".

Michael Jordan

¿CÓMO SABER SI ESTE LIBRO ES PARA TI?

¿Te ha pasado alguna vez que al escuchar el sonido de tu reloj despertador cierras los ojos, queriendo dormir, simplemente para no enfrentarte a esa vida que ahora mismo estás viviendo?

¿Te has dado cuenta de pronto que la vida que has llevado hasta ahora no te satisface del todo?

Aparentemente podrás tener grandes bendiciones, sin embargo, notas que no eres feliz del todo. Sabes muy dentro de ti que hay algo queriendo salir, que quiere gritar que tú has venido aquí para brillar y no para ser tan solo una mujer y madre más del montón.

Sin embargo, hasta ahora has estado muy segura de que tu destino no puedes cambiarlo, te has creído los límites que te han programado desde pequeña.

Cambiar las creencias antiguas por nuevas no es sencillo, por ello te he venido hablando de esto a lo largo de este camino que has recorrido ya con los dos tomos anteriores.

Porque es muy fácil despertarte un día y decir "Venga va, hoy seré mi mejor versión", sin embargo, las pruebas de la vida siempre están ahí y, de pronto, al primer obstáculo vuelves a caer con rapidez en los hábitos antiguos, te llenas de negatividad y caes en el rol de mamá víctima en un abrir y cerrar de ojos.

Por esto me he dado a la tarea de crear estos libros para entregarte herramientas efectivas, pero que al mismo tiempo te fuerzan a dar pasos. El hecho de repartir toda esta información en tres tomos es para crear un filtro.

Así es, no todas las mujeres que lean los libros van a llegar a ser mamás superpoderosas, las que de verdad lo harán serán mujeres despiertas y comprometidas con su transformación.

Ellas, sin importar si tienen uno, dos, tres o hasta cinco hijos, van a empezar su cambio leyendo el primer libro.

De esta manera, descubrirán con humildad que siempre hay algo que podemos aprender, ya que la base del éxito, querida lectora, es la humildad.

Primero que nada, deberás ser humilde para aceptar que tienes mucho por aprender. Muchas mujeres caen en el error de creerse unas grandes expertas en la maternidad tan solo porque tienen más de un hijo. Yo no estoy poniendo en duda el gran aprendizaje y sabiduría que ellas poseen ya. Estoy segura de que, si además de eso tienen la humildad para venir aquí a leer estas páginas y se entregan por completo caminando con fe certera, esas mamás serán las más superpoderosas del mundo entero.

Sin embargo, muchas caen en el error de pensar que, porque ellas se las ven muy negras, sufren mucho, se sacrifican y lo entregan todo con sus hijos, no tienen nada más que aprender.

Esto solo lo escucharás de una mamá víctima.

Y nada está más lejos de la realidad, ya que la mamá superpoderosa es una mujer, primero que nada, que está comprometida con explotar esos poderes interiores para dar su mejor versión a sí misma y bendecir a todo su entorno, principalmente a sus hijos.

Así que, querida lectora, si tú estás cansada de brillar en estrella ajena, si estás viviendo la vida de todos menos la tuya...

Si tienes uno o muchos hijos, pero eres humilde y quieres aprender, quieres mejorar, quieres ver tu vida en un nivel superior...

Entonces, sé bienvenida a este libro, que será un viaje hacia tus sueños y del cual ya no habrá regreso.

Una vez hayas conseguido tu entera transformación brillarás tanto como una estrella en el firmamento y no querrás jamás volver a mirar hacia atrás.

No seas como la mujer de Lot, que miró hacia atrás y se convirtió en una estatua de sal.

CONOCE A LA AUTORA

Muchas mujeres nos preguntamos cuál es el camino correcto para alcanzar el éxito profesional y personal, cuál es la fórmula que nos catapultará a lo más alto de la cima en la vida.

Sin embargo, somos muy pocas las que tenemos el compromiso necesario para lograrlo.

Hola. Soy Diany Peñaloza, autora de la trilogía *Los superpoderes de mamá*. A raíz de convertirme en madre descubrí un mundo totalmente nuevo y lleno de posibilidades infinitas.

Ser madre me hizo ver que se necesita mucha fuerza mental para poder vivir la maternidad y la vida de mujer con éxito. Así que durante ya casi cuatro años he estado formándome arduamente en diferentes métodos y técnicas que son altamente efectivas para conseguir ese equilibrio que se necesita.

He tenido resultados realmente asombrosos, tanto en mi maternidad como en mi vida profesional. Dejé de estar intentando trabajar simplemente para aportar algo económico, mientras creía que esto era lo mejor para mi hija.

Descubrí que lo mejor para mi hija era darle un buen ejemplo de superación y de libertad. Así fue como un buen día decidí que buscaría mi propósito de vida, el cual encontré en el Yoga y en el ayudar a otras mamás que, como yo, hasta ahora habían vivido una vida que no les hacía del todo felices, aunque aparentemente lo pareciera.

Conseguir trabajar en algo que me apasiona no fue fácil, se requirió mucho valor y fe para saber que las cosas saldrían como yo las visualicé y no como el resto lo hacía.

Dejé de nadar hacia un rumbo que no me conducía a mis sueños y empecé a nadar contracorriente tan fuerte y decidida que solo quedó una sola opción: llegar a tierra firme y recibir las bendiciones que la vida me tenía por derecho preparadas.

Porque a este mundo no vine a ser una más del montón, yo vine a brillar con luz propia. Mi misión ahora es conseguir, querida mamá, que tú también lo consigas.

Mi hija ha sido la principal beneficiada en mis decisiones, ya que los hijos siguen nuestro ejemplo. Sé tú también un ejemplo de verdad para tus hijos, deja de tener miedo y sumérgete en tus sueños y anhelos, ellos están ahí, esperándote para ayudarte a brillar.

La maternidad nos vuelve guerreras invencibles, pero eso no significa que lo sabemos absolutamente todo o que no necesitamos una mano amiga que nos haga ver con mayor claridad qué está pasando.

En mí tienes más que una guía, tienes una amiga que quiere ayudarte a sacar lo mejor de ti, sin importar tu edad o condición.

Súbete al barco de las mujeres superpoderosas, brillemos todas juntas en el firmamento con esa luz del éxito.

¡Si yo puedo, tú también puedes!

CAPÍTULO 1

PODER LILA ESPIRITUAL

Ha llegado el momento de presentarte al último, pero no por ello menos importante, superpoder interior que posees como mamá superpoderosa.

Estoy hablando de tu poder lila. Como hemos venido haciendo a lo largo de esta maravillosa trilogía, lo hemos relacionado con un color para facilitarte su percepción, ya que, al igual que los cuatro anteriores superpoderes, los base, verde, rosa, azul y el amoroso rojo, este también es un poder interior. Por lo cual, no puedes percibirlo en una forma física, pero sí que puedes lograr percibirlo con estos colores, y, de esta manera, usarlo a tu favor en los momentos que consideres oportuno hacerlo.

Veamos, primero, el **significado** que tiene este maravilloso color.

El color lila o violeta está relacionado con las **emociones,** con la tranquilidad, pero principalmente tiene un significado de **humildad.**

Por ello he creído oportuno escogerlo, ya que tal como te he venido recalcando a lo largo de este camino la humildad es la base del aprendizaje. Esta humildad te permitirá estar receptiva a la información más elevada y podrás conectar con ella con mayor facilidad.

Este color suave también es comúnmente un color con el cual las mujeres se sienten altamente identificadas, pues el solo hecho de ser del género femenino le atribuye un toque de sentimentalismo, dulzura, dignidad, madurez, equilibrio y empatía.

Ahora que ya sabemos un poco más sobre este fascinante color lila y por qué ha sido el elegido para representar nuestro quinto poder, veamos en qué consiste este poder interno tan especial.

El poder lila es nuestro poder de **conectar con nuestra parte más espiritual**, con él lograremos escuchar todo lo que ante nuestros ojos no podemos ver físicamente.

Esto nos sirve para poder obtener las respuestas a todas esas dudas que solo pueden ser respondidas por algo mucho más superior. Nos ayuda a encontrar una paz interna, pero, sobre todo, nos da **la fe** necesaria para realizar los cambios oportunos dentro de nuestra vida y lograr con esto llegar al éxito.

Este poder, al igual que los anteriores, ya lo posees dentro de ti, pero tristemente no te han enseñado a potenciarlo. Nuestra sociedad a lo largo del tiempo se ha encargado de alejarnos de nuestra parte más espiritual por intereses del sistema.

Al sistema, tal como ya hemos comentado, no le gustaría que tú descubras que tienes el poder dentro de ti, para que sigas trabajando en su favor y no del tuyo propio. Sin embargo, por suerte cada vez somos más personas las que estamos abriendo los ojos y descubriendo que dentro de nosotros se encuentra la llave a la felicidad.

La fe es la certeza de que algo sucederá, pero nos han estado metiendo en la cabeza durante mucho tiempo las ideas totalmente equivocadas. ¿Has escuchado alguna vez lo de "**como dijo santo Tomás, ver para creer**"? Pues bien, este es el concepto que se nos ha venido repitiendo, el problema es que está totalmente equivocado.

De hecho, este dicho está basado en "Tomás el incrédulo", uno de los doce discípulos que, a pesar de que los otros once le habían dicho que habían visto a Jesús, él se rehusaba a creerlo. Hasta que un buen día Jesús aparece delante de él, entonces reconoce con humildad que estaba equivocado. Y las palabras de Jesús fueron: "**Tomás, porque has visto has creído, dichosos los que crean sin haber visto**".

Así que, como ves, no es nuevo el hecho de que lo que tenemos que hacer es creer para ver, ya Jesús hablaba de esto, y estamos hablando de muchos años atrás.

Sin embargo, tal como te he dicho, la mayoría de la gente no se identifica con Jesús, porque él fue un gran maestro que vino a dar un antes y un después. La gente prefiere ser mediocre y se identifica con Tomás el incrédulo, sin embargo, no aparece Jesús esta vez ante sus ojos para hacerles ver su error.

Por ello, existe una gran diferencia entre las personas exitosas y las que no lo son. Las que son exitosas ya dan por sentado los éxitos antes de verlos.

Las personas fracasadas dan por sentado los fracasos y dudan del éxito o lo ven muy a futuro en un futuro incierto que nunca termina de llegar.

Ahora contéstame, ¿con quién te identificas tú?

¿Con Tomás o con Jesús?

Yo lo tengo clarísimo, yo escojo a Jesús, y no es mi intención que ahora te cojas la Biblia y te pongas muy religiosa.

Mi intención es hacerte ver que **la fe es tu poder lila** y habita dentro de ti. Tan solo cierra los ojos, activa tu poder y confía.

Definiciones de fe existen muchas, sin embargo, he querido enseñarte directamente de la que hablaba Jesús, porque esta es la que tú necesitarás activar.

Si tú la fe la relacionas con un conjunto de creencias religiosas, etc., no estarás dándole el significado verdadero.

Tener fe con tu poder lila no va de que entres en una determinada religión, es más, ni siquiera es mi intención hacer que creas en Jesús o no.

Tan solo he usado su enseñanza como ejemplo para que pudieras entender la diferencia de tener fe y no tenerla.

Ahora ya sabes que la fe es **tener la certeza de que recibirás algo que aún no tienes.**

Y lograrlo no es sencillo, mucho menos si tus actuales circunstancias te hacen pensar que lo que deseas está muy alejado. Pero aquí está el truco, digámoslo así.

Recuerda aquello de "si las cosas fueran fáciles, cualquiera las haría". Y nada más cierto que esto, detrás de la dificultad está el milagro.

Ahora bien, ¿para qué te sirve activar tu poder lila espiritual? En palabras más sencillas, ¿para qué necesitas tener fe?

Tener fe será imprescindible en tu vida, tanto como mujer como madre o profesional. En cualquier cosa que tú desees lograr, si no tienes fe no lo conseguirás.

Tú piensa ahora mismo en un hombre que acude cada día al gimnasio y realiza dos horas de arduo entrenamiento. El entrenamiento se le hace pesado y, mientras lo hace, lo pasa realmente mal. Acaba agotado, pero, a pesar de ello, lo hace cada día lleno de entusiasmo sin excepción, porque tiene la certeza de que, aunque ahora no lo ve, poco a poco su cuerpo le irá mostrando el resultado en sus músculos fortificados.

Te he querido poner este ejemplo porque el camino hacia el éxito en cualquier área de tu vida tiene un **tiempo de gestación,** es decir, las cosas no sucederán de la noche a la mañana dependiendo de qué tan alejado esté tu objetivo de tus circunstancias actuales.

Y gracias a Dios esto es así. Imagínate que todo lo que deseáramos apareciera por arte de magia en cuestión de segundos, sería un verdadero caos.

Por ello, la ley de la gestación permite que todo proceso se realice en un determinado tiempo. Sin embargo, el hecho de que tarde más o menos no quiere decir que no se manifestará.

Por eso es vital que tú mantengas la fe siempre. Y de aquí viene nuestro lema como mamás superpoderosas:

"Una mamá superpoderosa camina con fe certera".

Porque, sin importar lo difícil o alejada que esté tu meta, tú deberás continuar segura de ti misma y no parar de creer hasta ver.

Y ahora te preguntarás: "¿Cómo puedo tener más fe?".

Tener fe requiere **humildad,** vernos tal como somos, humanos e infinitos. Dios, el universo, la energía, la fuente inagotable de amor o como tú quieras llamarle, al nacer te dotó con una medida de fe innata. Esto los niños lo saben muy bien, por eso confían ciegamente en nosotros y en el mundo que les rodea.

Ellos no tienen dudas, ellos piden y sueñan sin límites, hasta que llega aquel adulto falto de fe que se encarga de decirles "Eso no es para ti", "No tienes talento". Y como esas, muchas más creencias limitantes que van mermando tu confianza, y tu capacidad de realizarlas, por lo tanto, se ve afectada.

¿Entiendes ahora por qué para mí como madre es importante ayudarte? Porque si tú cambias tus creencias limitantes adquiridas por una fe infinita, eso estarás enseñándole a tu hijo/a, y entonces no habrá duda. Estarás siendo una mamá superpoderosa que brilla con luz propia y estarás regalando a tu hijo/a la gran bendición de crecer con una fe infinita, así que será capaz de conquistar el mundo entero si así lo desea.

Si tu fe con el paso del tiempo se ha visto afectada o más bien es nula, no te preocupes, tú tienes la capacidad de aumentarla si así lo deseas.

Podemos aumentar la fe en la medida en que la dejamos obrar en nuestros corazones, poco a poco vamos viendo que es un estado natural y que simplemente tenemos que sentirla sin miedos. La empezarás a ver manifestada en tus acciones, en tus palabras, pero, sobre todo, en tus decisiones.

Nuestra fe comienza en lo más profundo de nuestro corazón y no tiene final. Ella habita dentro de ti y está lista para salir a flote en cuanto tú se lo permitas.

Es tu arma más poderosa ante cualquier adversidad.

Así que prepárate que en las siguientes páginas irás descubriendo diferentes maneras de potenciar tu poder lila espiritual para usarlo a tu favor en el camino hacia el éxito.

Te mostraré diferentes maneras en las que se te presentará la oportunidad de **trabajar la fe** y cómo **encaminarla hacia tus sueños**.

FLOR DE LOTO

La flor de loto se ha convertido en un símbolo de pureza, belleza, gracia, fertilidad, abundancia, riqueza, sabiduría y bondad.

La **flor** de **loto crece** en el fango y se alza sobre la superficie para florecer con deslumbrante belleza. Durante la noche la **flor** se cierra y se hunde bajo el agua, pero al amanecer se alza nuevamente y vuelve a abrirse. Sin haber sido tocada por la impureza, el **loto** simboliza la pureza del corazón y de la mente.

Pues bien, tú, querida lectora, eres igual que esa maravillosa flor de loto, te encuentras rodeada muy probablemente de personas o situaciones que te desagradan, es decir, tu pantano, y en él está esa sociedad que está mayoritariamente dormida y que te ha transmitido que no puedes llegar más allá de donde ellos te han asegurado toda tu vida.

Y esto no es malo, recordemos que cada persona nos trae consigo un aprendizaje, así que tú deberás ser lo suficientemente astuta para identificarlo y usarlo para tu crecimiento, al igual que la flor de loto crece dentro de esas aguas turbias y resplandece con su belleza inigualable.

Todos en algún momento nos hemos hecho la pregunta de para qué estamos en este mundo.

Nos preguntamos si es que hay algo más que tan solo sobrevivir, sin embargo, la mayoría se deja llevar por la corriente y no dedica ni un solo instante a descubrirlo.

Esto sucede porque, tal como te enseñé en los tomos anteriores, el **sistema nos ha programado** para pensar de esta manera, ya que no le conviene que haya personas despiertas. Esto supondría para ellos perder ovejas, algunas ovejas, o en el peor de los casos todo el rebaño.

¿Te ha pasado alguna vez que explicas tus sueños a tus amigos o personas más queridas y te contestan con frases que matan cualquier intención? Su tipo de respuesta puede ser "Mujer, eso no es posible". Quiero que sepas que están en lo cierto, eso no es posible para ellos, pero para ti sí.

Aún recuerdo en mi etapa de adolescencia estar sentada en un restaurante con una prima, la cual siempre ha sido una mujer despierta, y una amiga de ella. Comentábamos que a la ciudad había llegado el cantante Luis Miguel y lo maravilloso que sería conocerlo.

Mi prima, siempre tan segura del maravilloso poder mental, nos invitó a ir a una discoteca argumentando que Luis Miguel podría llegar allí en cualquier momento, y de esta forma lo veríamos. Yo, que estaba en plena adolescencia, llena de sueños y rebeldía, le dije que tenía razón, que fuéramos a la disco. Sin embargo, su mejor amiga comentó: "Conocer a Luis Miguel es como sacarse la lotería, lo más seguro es que no sucederá".

El resultado fue que ese día la única que no lo conoció fue ella, ya que mi prima y yo vimos con agrado que él efectivamente estaba en la discoteca y pudimos disfrutar de verle en persona.

Lo que pretendo hacerte ver con esto es que somos seres creadores de nuestra realidad. Todo aquello en lo que de verdad creemos firmemente se materializa.

Por ello, es importante que tu enfoque esté dirigido a lo que sí quieres.

Como ves, las personas mayoritariamente tienden a pensar más **negativamente que positivamente**.

Te daré un ejemplo. ¿Tienes en la actualidad algo que hayas deseado alguna vez tener? Pues bien, es gracioso ver cómo el resto de personas en el pasado también han visto con sus propios ojos materializarse muchas cosas en las que se habían estado enfocando. A pesar de esto, siguen creyendo que para los nuevos deseos y anhelos eso no funciona. Piensa por un momento cuántas cosas has conseguido hasta ahora en las cuales te enfocaste con fe y luchaste por ellas.

Entonces, ¿por qué dudas, mujer de poca fe? Debes saber que el problema no es que la famosa ley de la atracción no funcione, el problema es que no la sabes utilizar.

La fe es la clave principal para lograr todo lo que te propongas. La palabra "fe" se compone tan solo de dos letras, es una palabra corta y que muy probablemente hayas escuchado mucho durante toda tu vida. Sin embargo, contesta con sinceridad, ¿de verdad la tienes? La respuesta la puedes saber con tu estado de ánimo ahora mismo. Dime, ¿sientes miedo o preocupación por alguna cosa? ¿Tienes dudas de llegar a lograr ser una mamá excelente con unos hijos superbien educados, que el día de mañana serán personas muy exitosas, mientras que tú te realizas como mujer en todas las áreas de tu vida?

¿Tienes dudas?

Si de verdad tienes fe, la duda no existe, tú sabes que todo es posible, tú recibes el amor dentro de ti y te dejas llevar. **Caminando con fe certera.**

La fe verdadera es la que hace que el milagro ocurra. Las personas que no tienen fe no se arriesgan, y ya sabes lo que dice el dicho: **"El que no arriesga, no gana".**

Vivimos en un mundo de infinidad de opciones. Esto es bueno, pero al mismo tiempo nos distrae muchas veces de nuestro objetivo principal, ya que todas las opciones luchan incansablemente por atraer nuestra atención.

¿Te ha pasado alguna vez que tuvieras ganas de realizarte profesionalmente en una cosa, pero en el camino ves otra y dudas? Esto hace que tu objetivo no lo tengas claro y desvías tu atención.

HIJOS MAESTROS

Piensa un momento en tu hijo/a, ¿te ha pasado que te pidan un juguete, pero en el momento le has tenido que decir que no? Sin embargo, él o ella mantiene su **enfoque** en ese juguete y persiste pidiéndotelo en cada ocasión que tiene oportunidad. Resultado, le compraste el juguete.

Te he puesto un ejemplo con tu hijo/a porque quiero que también te vayas acostumbrando a descubrir los **aprendizajes** que traen para ti. **Los hijos son nuestros mayores maestros.**

Por ello, tan solo están prestados un tiempo en nuestra vida, ellos nos enseñan a ser padres, pero también traen consigo mucho más aprendizaje para ti del que te has podido llegar a imaginar.

¿Alguna vez has escuchado a tu hijo/a hacerte un comentario reflexivo que te ha hecho abrir los ojos? Debes estar muy atenta porque todo detrás trae una lección importante. Nada tiene desperdicio.

Puedes aprender de ellos en todas las situaciones, pero ojo, las lecciones más importantes son precisamente aquellas en las que te encontrarás más incómoda. Las situaciones de alto estrés son en las que deberás estar atenta para entender y comprender qué aprendizaje traían consigo.

GRAN LECCIÓN DE VIDA

Voy a darte un ejemplo de algo que me ha sucedido hace unas semanas.

Tengo que decir que acabo de pasar unas semanas realmente duras y determinantes. Sin embargo, una cosa me quedó muy clara de todo esto: los tiempos de Dios son perfectos.

Pues bien, todo inició hace dos semanas. Yo tenía dos maravillosos perros Westy, eran la parejita, el macho tenía doce años y la hembra ocho. Esa noche, ellos estaban en el patio y les llamé para que entraran a dormir dentro, ya que en casa tenían su propia habitación.

La perrita muy animosa atendió mi llamado, sin embargo, noté que el perrito no se movía mucho, que digamos. Le insistí, pero al parecer se sentía muy débil y se logró poner en pie, pero vi que no se pudo sostener y se dejó caer.

Mi marido rápidamente lo cargó en brazos y lo metió en su camita. Últimamente lo habíamos notado más lento de lo normal y cansado, sin embargo, no le dimos importancia, pues al ser ya un perro mayor creímos que era normal que estuviera perdiendo energía y vitalidad.

Casi no pude dormir esa noche, me puse muy triste, pues algo me decía que el perro no se encontraba bien, y sufrí toda la noche pensando que algo malo le estaba sucediendo.

Al siguiente día, por la mañana, mi hija inició el día con la firme idea de que ella no quería ir al colegio, así como con unos berrinches realmente fuertes. Esto hacía que me centrara mucho más en el estrés que ella me causaba que en la tristeza.

Conseguí dejar a mi niña en el colegio a pesar que de llegamos una hora tarde después de dos horas de intentar convencerla.

Volví a casa y noté que mi perro se había ensuciado, así que lo bañé, pero vi que no tenía ánimo de moverse en absoluto. Llamé desesperada a mi esposo para pedirle que, por favor, viniera a ayudarme, pues yo sola no podría encargarme del perro y luego ir a buscar a la niña.

Mi marido, que es realmente un hombre de gran corazón, vino a mi auxilio y se llevó inmediatamente al perro, yo recuerdo quedarme orando por él. Pensaba que, quizá, la perrita como de costumbre no le había dejado comer y se encontraba solo débil. Ilusamente pensaba que probablemente con suero o alguna cosa lo pondrían bueno.

Sin embargo, mi marido regresó sin mi perrito, pues había muerto con el veterinario.

El dolor que sentí fue inmenso, pues sus doce años de vida son lo mismo que mi marido y yo llevamos juntos, es decir, que hasta ahora él había sido parte de nuestra aventura como familia.

Pero, como bien sabemos las mamás, no podemos dejarnos caer, así que inmediatamente activé mi superpoder verde sanador y tuve que ir a buscar a mi hija. A su regreso yo tenía muchas ganas de llorar, pero mi hija nuevamente cogió una rabieta muy fuerte.

Duró como dos horas gritando y pataleando, en ese momento yo no podía entender por qué se me juntaban dos cosas estresantes.

Encima, tuve que irme ese mismo día a una reunión de padres de familia del colegio, y yo pensaba: "Pero, ¿por qué tenía que ser justo hoy? Solo quiero llorar, no quiero escuchar a nadie".

Así que fui a la reunión y me mantuve serena, porque mi más grande motor es mi hija, y sabía que las lágrimas podían esperar.

Al siguiente día, mi hija me volvió a hacer complicado el momento de ir al colegio, y a mi regreso, cuando pensé que por fin tendría tiempo de llorar a mi perrito, descubrí que mi perrita había vomitado y no comía. Inmediatamente la llevé a dar un paseo, la animé, pues pensaba que quizá estaba echando en falta a mi perrito. Le di un buen baño, pues los paseos los acostumbraba a hacer en el campo y al ser tan blanquita se había ensuciado.

Llamé nuevamente a mi marido y me aconsejó pedirle ayuda a mis suegros para que llevaran ellos a la perrita al veterinario y estuviéramos más tranquilos.

El resultado no era esperanzador, al parecer la perrita también tenía los días contados. No se sabía si habían pillado un virus en el patio o qué era lo que pasaba. Sin embargo, nos dijo que tan solo le quedaban unos meses de vida y que mantenerla con vida era tan solo nuestra decisión, pero que iría en decadencia.

Así pues, la decisión fue extremadamente dura, pero la perrita se sacrificó.

Solo Dios sabe lo mal que lo pasamos. Pero nuevamente nuestra gran maestra, nuestra hija, estaba ahí con sus berrinches, haciendo desviar nuestra atención.

Por un momento me derrumbé y caí enferma. Hacía mis afirmaciones, pero algo no estaba funcionando.

Hasta que una buena mañana comprendí que no tenía que estar triste. Que los tiempos de Dios eran perfectos y era el momento de mis perros de volver a un mundo mucho más espiritual. Comprendí que la única que lo estaba haciendo difícil era tan solo yo misma. Así que me paré delante del espejo, tal como te enseñé en el segundo tomo, y me liberé de cualquier culpa, tristeza o sentimiento negativo. Acepté la situación y agradecí el tiempo compartido al lado de mis perros.

Entonces lo pude ver todo con más claridad y descubrí que los berrinches de mi hija durante esas dos semanas eran tan solo una manera de sacarme de ese dolor innecesario. Una vez lo entendí también agradecí la actuación de mi hija en esos momentos. Y de sobra está decir que recuperé la salud inmediatamente, pero no solo eso, sino que los berrinches de mi hija desaparecieron.

¿Ves ahora cómo, incluso cuando peor lo estés pasando, simplemente detrás hay algo maravilloso que lo único que quiere es salvarte?

EJERCICIO PODER LILA

Vamos a empezar a trabajar haciendo un **análisis** de los **aprendizajes** que hasta el día de hoy creas que has podido adquirir de tus hijos.

Coge tu libreta de trabajo y apunta en ella una lista de diferentes momentos en los cuales crees que tus hijos te han dado una gran lección.

Después analízalos detenidamente y contesta con sinceridad si eras consciente de cada uno de ellos y de cómo puedes mostrar en tu día a día que, en efecto, el aprendizaje está hecho.

Este ejercicio te ayudará también en temas de alto estrés, como la situación que te acabo de compartir. Ya que, como has podido ver, una vez que el aprendizaje se lleva a cabo ya no es necesario que la situación estresante aparezca, y esta deja un buen día de aparecer.

Recordemos el ejemplo de una mujer con mala suerte en el amor, su suerte cambia cuando entiende que la culpa no es externa, sino que debe empezar a amarse por sí misma para poder dar a los demás. Así pues, una vez adquirido el aprendizaje la experiencia dolorosa desaparece.

Las experiencias dolorosas son necesarias porque solo cuando sientes un alto impacto emocional es cuando logras despertar y ves que necesitas hacer un cambio. Como consecuencia, aprendes, creces y evolucionas.

Como ves, ser mamá tan solo te llena de grandes ventajas. Y es que ser mamá es una ventaja en la vida y una gran bendición, el problema es que muchas mujeres víctimas no lo saben y se creen la historia de que su vida ya no puede dar para más.

Recuerda que detrás de la dificultad está el milagro.

Ahora ya lo sabes, lo realmente importante es que tengas **fe**, que te mantengas alerta a los **aprendizajes de tus hijos** y, sobre todo, que **enfoques tu atención en aquello que de verdad quieres.**

Y maravíllate con lo que verás ante ti.

Como ves, tú puedes ser como esa maravillosa flor de loto, nutriéndote día a día de todo lo que te rodea, parezca bueno o malo, pero, sobre todo, siempre con la fe certera de que aquello que anhelas ya te pertenece.

"El éxito depende de la preparación previa, sin ella seguro llega el fracaso".

Confucio

Lo importante siempre es seguir adelante por mucha neblina que puedas encontrar en el camino. Esta quizá te pueda hacer dudar de que detrás de ella existe tu meta final, pero, s sigues adelante con fe, descubrirás un mundo de posibilidades infinitas.

Para esto te animo a que trabajes duro en tu transformación, las mujeres de gran éxito no son mujeres que se conforman con una vida sin matices. Las mujeres y madres de éxito son aquellas que encuentran en su vida ese balance, es decir, son mujeres que saben que la vida tiene diferentes etapas e intentan sacar lo mejor de cada una de ellas. Son mujeres sabias que no miran atrás pensando en su pasado, sino que van forjando un futuro prometedor basado en sus propios sueños y anhelos del alma.

Por esto, en el siguiente capítulo te mostraré el primer paso que debes de conseguir dar. Parece sencillo, sin embargo, tan solo entre un 3 % o 5 % de la población sabe en verdad su misión de vida y camina en dirección a ella.

CAPÍTULO 2

TU PROPÓSITO DE VIDA

H emos hablado de la importancia de dirigir tu atención y enfoque hacia lo que de verdad quieres.

Pero, un momento, ¿sabes en verdad lo que quieres? Tenemos claro que eres mamá, que eres una mujer que quiere ser una excelente madre, ya que estás aquí leyendo este libro con la fe certera de que te ayudará a lograrlo.

Muy probablemente ya estés teniendo grandes resultados en el sendero de la maternidad e incluso estás viendo un aumento de alegría y de momentos de bienestar en tu vida en general.

PERO, ¿CONOCES TU PROPÓSITO DE VIDA?

¿Sabes cuál es tu misión, cuál es tu propósito? Es decir, ¿quién quieres ser? ¿Qué te inspira? ¿Cómo quieres ayudar?

Conocer tu propósito de vida es de vital importancia para que puedas iniciarte en el camino del éxito. Una persona que se encuentra realizando cosas que no le apasionan muy difícilmente conseguirá tocar la cima del éxito.

El propósito de vida es algo fundamental para el ser humano, porque con él damos sentido a nuestra existencia a través de motivaciones que son las que nos llenan y las que nos hacen confiar en que vivir merece la pena.

Pasamos por diversas situaciones en las que perdemos de vista este propósito, etapas en las que parece difícil encontrar un sentido a nuestra existencia.

Para un momento y reflexiona, ¿estás viviendo tu vida o la vida que han elegido para ti?

Tu comportamiento rutinario hasta el día de hoy no lo has podido cuestionar siquiera, porque considerar lo contrario, probar algo nuevo y salir hacia lo desconocido es algo que te causa inseguridad y miedo.

Debes saber que no importa el camino que quieras seguir, debes hacerlo con total fe y seguridad, pues pase lo que pase la responsabilidad será tan solo tuya y de nadie más. Vive la vida que anhelas y no la que el resto quiere que vivas.

¿Recuerdas el primer tomo de esta trilogía? Hablábamos de la **mamá en su zona de confort**. Pues tener miedo a lo desconocido es culpa de tu propia mente, que quiere **protegerte** y prefiere que sigas como hasta ahora, dentro de lo que ya conoces, y te crea ese miedo a todo lo que se salga de esto.

Esto no te está permitiendo crecer, ya que la mente, si no la sabes dirigir, te dirige a ti con toda la programación antigua almacenada que has ido recolectando a lo largo de toda tu vida.

Por ello, entiendo que el hecho de pensar en realizar un pequeño cambio en tu vida pueda generarte incomodidad.

A pesar de esto, tú debes ser consciente, si estás incómoda es que estás avanzando. El hecho de sentirte demasiado cómoda en lo que haces en tu actualidad puede ser un indicio de que te estás estancando.

El cambio comienza cuando amplías tu visión y estás dispuesta a lanzarte a lo desconocido para encontrar tu propósito en la vida.

Seguramente ahora estés preguntándote cómo saber cuál es tu verdadero propósito de vida.

Y lo entiendo, pues a pesar de que cada uno de nosotros poseemos dentro unas capacidades especiales para llevarlo a cabo, muchas veces terminamos creyendo que nuestro propósito es aquello que se ve más accesible a nuestras actuales circunstancias. Por lo que, si tu sueño es montar un restaurante y no tienes el suficiente dinero para realizarlo en este momento, cambias el sueño a ser un trabajador de uno que ya esté en funcionamiento. Entonces ya no estás luchando por tu sueño, tan solo lo estás modificando a tus actuales circunstancias, lo cual te dará una satisfacción inmediata muy fugaz, porque con el paso de los años estar trabajando en algo que no te gusta deja de ser divertido y vuelves a escuchar aquella voz que te dice: "Yo quería mi propio restaurante", y entonces viene la frustración, porque te sientes fracasada.

A continuación, realiza el siguiente ejercicio con el cual podrás, si es que no lo sabes ya, reafirmar tu propósito de vida y dirigirte hacia él con pasos firmes.

He preparado para ti un ejercicio de compromiso para descubrir tu verdadero propósito. Ya que, además de descubrirlo, debes comprometerte con él, pues tan solo comprometiéndote de verdad llegarás a vivirlo en tu vida.

EJERCICIO

COMPROMISO

Escribe en las siguientes líneas tu compromiso con tus propias palabras.

Un ejemplo puede ser: "Yo me comprometo a descubrir mi propósito de vida y trabajar duro para llevarlo a cabo".

....

....

....

★ DESCUBRIENDO TUS TALENTOS ★

- Realiza tres respiraciones profundas y, a continuación, imagina por un momento que estás delante de una situación agradable. Intenta sentir pensamientos de agradecimiento hacia ti misma.

Valórate y aprecia cada cosa que hay en ti.

- A continuación, intenta recordar tres momentos en los que te has sentido exitosa. Intenta visualizar qué talentos estabas usando en esos momentos y anótalos.

....
....
....
....
....
....

- Seguidamente, realiza una lista con aquello que más disfrutas realizar, aquello que podrías hacer durante horas sin cansarte, puede ser más de una cosa.

....
....
....
....
....
....

- Ahora apunta tus **fortalezas y debilidades**, es decir, en qué cosas usualmente **destacas** y realizas con gran facilidad, y, por el contrario, cuáles te parecen realmente **complicadas para ti.**

....
....
....
....
....
....

Tu conclusión

- Tus **principales talentos,** por tanto, son:

....
....
....
....
....
....
....
....
....
....

PROPÓSITO DE VIDA

- Ahora necesito que te pongas en un estado de alta vibración, para ello piensa en un momento divertido o pon música que te guste, baila, canta... Ten un pensamiento de felicidad, piensa en el rostro de tu hijo/a. La idea es que te sientas en total estado de bienestar.

- Imagina que en este momento ya eres tu mejor versión, siente esa fuerza interior y visualiza cómo eres.

- Pon atención a cada detalle y siéntelo dentro de ti. Nota esas emociones al sentirte totalmente realizada.

- Responde las siguientes preguntas en tu libreta de ejercicios.

  o ¿Qué es lo que más alegría le da en la vida a esta mejor versión de ti?

  o ¿Qué es lo que más le apasiona?

  o ¿Cuál es su interacción con su entorno?

  o ¿Cuál es la meta que tiene y que alcanzará?

  o ¿Qué consideras que esta mejor versión de ti aportará a este mundo?

- Contesta aquello que te salga del alma, no hace falta que pongas muchos detalles, tan solo escribe las palabras o sentimientos que vengan a ti.

Apunta simplemente lo primero que viene a tu mente, por muy raro que te parezca al principio, verás cómo poco a poco todo va encajando hasta formar el puzle.

- Intenta escribir las emociones, la mentalidad y condición física de tu mejor versión.
- Una vez escritas repásalas e intenta ver si las respuestas van teniendo alguna relación entre ellas.

Ahora necesito que te comprometas de verdad con lo que acabas de descubrir, así que escribe en las siguientes líneas tu compromiso con tu propósito y empieza a escribir un nuevo guion en el sendero de tu vida.

Como ves, las preguntas son en tercera persona porque se trata de que te veas desde fuera, esto te permitirá más libertad.

Muchas veces, si soñamos conscientes de nuestra actual realidad, no podemos desplegar las alas como deberíamos.

En cambio, si te permites ver a esa persona que siempre has soñado ser como una espectadora más, te da libertad, puedes analizar más sus detalles, cómo se desenvuelve.

Realiza la siguiente meditación como parte final de este proceso. Te ayudará a indagar en tu interior de una manera más profunda. Además, será tu cierre final de compromiso con tu propósito.

MEDITACIÓN CÓDIGO

- Ahora has llegado a una conclusión, intenta visualizarla nuevamente. Responde a la pregunta:

  ¿Quién serías ahora si tuvieras el valor de caminar hacia esa meta teniendo la certeza de que lo lograrás?

  ....

  ....

  ....

- Quiero que me contestes cuál es el para qué, es decir, qué te mueve o impulsa a desear esa vida.

  ....

  ....

  ....

Mi propósito es..

Ahora ya has escuchado a tu alma, a tu niña interior, y has llegado a una conclusión maravillosa que te llena de emoción.

Sin embargo, queda otra parte por analizar antes de que puedas iniciar tu plan de acción.

Tristemente, las personas dudan mucho de sí mismas y de su propia capacidad para conseguir sus metas. Por ello, ahora quiero que trabajemos analizando tus triunfos verdaderos.

Quiero que cierres los ojos, respires profundamente, intentes mantener un momento de total relajación y busques en tus recuerdos aquellos momentos difíciles de tu vida, esos que creías que no serías capaz de enfrentar y, sin embargo, hoy echando un vistazo hacia atrás descubres que los superaste y que finalmente no eran para tanto.

Intenta analizar qué talentos o habilidades tuyas usaste en esos momentos de gran dificultad, cuáles fueron tus mayores fortalezas en esos momentos.

A continuación, apunta cada uno de ellos, estoy segura de que irás descubriendo muchos talentos ocultos que hasta ahora no habías pensado que lo eran.

Quizá tu rapidez mental o tu creatividad te salvaron en un momento de gran dificultad, tu facilidad para perdonar, tu capacidad de prevenir, tu habilidad culinaria… Intenta recordar esos detalles, que fueron los que te ayudaron en esos momentos. Tu determinación, tu buen gusto, tu manera de expresarte.

Anótalo todo e intenta ahora ver cómo estos talentos pueden ayudarte en el propósito que acabas de descubrir.

¿Notas concordancia? ¿O, por el contrario, has descubierto que tienes muchos propósitos maravillosos y vas a luchar por todos ellos, encontrando un equilibrio sano?

¿Qué te quiero decir con esto? Que debes elegir un propósito profesional con el cual tú aportarás un servicio a la humanidad y te permitirá recibir beneficio económico a cambio de tu aportación. Y seguramente encontrarás otros propósitos de vida más espirituales, es decir, que te ayudan a ti a evolucionar como ser humano.

Estos últimos pueden pasar desapercibidos para ti, pero seguramente ya los estás realizando, como ser una madre espectacular, hermana, hija, tía, nuera, vecina, amiga…

Quizá tu segundo propósito sea regalar a los demás siempre una sonrisa para ayudar a elevar el amor colectivo.

Busca tus propósitos y realízalos sin importar el ruido exterior.

Recuerda que una mamá superpoderosa camina con fe certera.

"El secreto del éxito es la constancia en el propósito".

Benjamin Disraeli

Si en la búsqueda de tu propósito descubres más de uno, no te preocupes, casi todos tenemos más de un propósito. Uno es con el que has venido a aportar tu grano de arena beneficiando al resto, con él podrás usar esos talentos o herramientas de los cuales has sido dotada para llevarlo a cabo, y el otro es aquel que te ayudará a tu evolución como ser, aquel que te hará querer crecer y expandirte de una manera más espiritual.

Muchas son las lecciones que tenemos en esta vida, y con cada una de ellas hay un aprendizaje. Pues bien, estos aprendizajes son parte de este propósito más elevado.

Pero ojo, que en el camino puedes ir descubriendo muchas cosas más. Por ello, es importante que periódicamente dediques un tiempo para estar en calma contigo misma.

Cada etapa de nuestra vida es diferente, yo lo comparo con el hecho de tener la oportunidad de vivir diferentes pequeñas vidas. Tu vida de niña tenía un escenario totalmente diferente al que tienes ahora, en el cual participaban diferentes personas que eran las más adecuadas para ser parte de ese momento.

Y así continuamente fuiste a lo largo de tu vida representando diferentes roles, y en cada uno de ellos tu propósito era totalmente distinto.

Incluso cuidar de alguien más.

MI AMIGA ESPIRITUAL

Tengo una amiga que los últimos tres años se dedicó en cuerpo y alma a cuidar de su madre enferma hasta su fallecimiento.

Cuidar a una persona grande que ya no puede valerse por sí misma es muy triste, ella siempre me decía: "Mientras tú estás enseñando a hacer cosas y vas hacia adelante con tu hija, yo voy hacia atrás con mi madre".

Sin embargo, ella, que es una mujer despierta y consciente de su **poder lila espiritual**, sabía que parte de su propósito en este mundo terrenal era regalarle esos tres años a su madre enteros.

Y así lo hizo, hasta el último suspiro de su madre ella se mantuvo firme a su lado. Con esto ella obtuvo un aprendizaje superior ante los ojos de cualquiera. Mucha gente desde fuera, poco conectada con la fuente, podría pensar que perdió ese tiempo y que no lo recuperará.

Sin embargo, ella ganó mucho más que cualquiera. Y ahora que esa pequeña misión ya ha terminado, puedes percibir en el rostro de mi amiga una luz resplandeciente de alguien que cerró un ciclo de una manera perfecta.

Se ve incluso físicamente más jovial y tiene una vida por delante para disfrutar de este gran aprendizaje.

Así que no te aferres a querer encontrar tan solo un propósito. Tienes más de uno, tan solo escucha tus propias señales y déjate llevar.

Lo mismo pasa con las amas de casa que deciden que su propósito es mantener un hogar cálido y dar mayor cuidado a sus hijos. Todo esto lo hablaremos en más profundidad en los siguientes capítulos.

"Nuestro propósito principal es ayudar a otros, y si no puedes ayudarles al menos no les hagas daño".

Dalai Lama

Recordemos que la mejor manera de darle lo mejor a nuestros hijos es regalándoles una mamá feliz y realizada.

Ellos se contagiarán de tu gran brillo luminoso, y el día de mañana no tengas la menor duda de que serán personas triunfadoras.

Pues es lo que están aprendiendo de ti, siéntete muy orgullosa porque estás a punto de crear un cambio realmente transformador.

Eres como aquella flor de loto en el pantano, no importan tus circunstancias actuales, de ellas te nutres porque tú has venido aquí a brillar.

Quizás habrás escuchado el caso de **Sonia Pujol,** una mujer que fue madre después de cuatro años de haber sufrido un accidente que la dejó en silla de ruedas debido a un daño en la médula espinal. Sin embargo, este caso salió a la luz en el 2010.

¿Te das cuenta de cómo los límites solo te los pones tú misma? Esta mujer deseaba tener hijos y sus circunstancias no fueron obstáculos para ella. Y como ella hay millones de madres en el mundo que se enfrentan a diferentes pruebas de la vida que aparentemente podrían hacer pensar que no están aptas para realizar sus sueños, pero la realidad es que todos los seres humanos poseemos grandes capacidades de conseguir todo aquello que nos propongamos.

¡Los límites te los pones tú!

Así que confía en ti misma y ve en busca de tu verdadera misión.

"No importa lo que hagas en la vida, hazlo con todo tu corazón".

Confucio

¿Estás lista?

CAPÍTULO 3

PLAN DE ACCIÓN EXITOSO

Ahora que ya tienes claro tu propósito o propósitos de vida, debes empezar a crear un plan de acción que te permita llevarlo a cabo.

Muchas personas saben perfectamente cuál es su propósito, sin embargo, no dan ni un solo paso en esa dirección porque, como hemos hablado anteriormente, hay diferentes motivos que les hacen dudar de sus capacidades, llámense creencias limitantes, circunstancias actuales fruto de esas creencias, miedo a salir de la zona de confort...

Pero tú no quieres ser como ellos, tú has decidido ya luchar por tus sueños.

Por ello, es importante que empieces a crear tu **plan de acción**, es decir, identificar qué pasos tienes que dar para llegar a tu objetivo, qué recursos necesitarás para lograrlo, y, sobre todo, organizar tus tiempos para que de esta manera te asegures de que dentro de tus días hay un espacio dedicado para trabajar tu misión de vida.

Muy probablemente ahora pienses que ya bastante organizado es para ti crear una lista cuando vas a comprar la despensa en el súper, pero debes reconocer que cuando no lo haces acabas llegando a casa con más de un producto que no hacía falta o bien te dejas cosas de vital importancia.

¿Ves cómo para todo en la vida es importante planificar? Hasta las cosas más sencillas necesitan un orden.

Imagínate entonces la gran importancia que tiene planificar tu propósito de vida. El no hacerlo te podría suponer algo similar a la lista del súper y podrías acabar realizando cosas que nada tienen que ver con tu propósito, pero estaban ahí accesibles para ti, las has visto y te has lanzado. Sin embargo, esto te distrae de tu verdadero objetivo y lo que realmente viniste a ser en este mundo terrenal se te acaba olvidando o bien le das de lado.

Así que, como ves, que tus deseos se vuelvan realidad no es cuestión de suerte, las leyes de la casualidad no existen. Sin embargo, las leyes del éxito sí.

Por ello, si persigues un objetivo lo primero que debes realizar es un **plan de acción** que te indique la ruta del camino que seguir.

De esta manera, tendrás un trayecto trazado y podrás tener mucho más claros los pasos que deberás dar.

Para mí es de gran importancia hacer esto especial para ti, que eres mamá, porque como mamá que soy entiendo que aconsejar a una madre es muy fácil, pero solo nosotras sabemos la fuerza interior necesaria para sacar adelante a nuestros hijos cada día y noche en nuestro sendero de la maternidad.

Sin embargo, de verdad te digo que sí se puede, que todo es cuestión de que te sepas organizar bien.

El problema de las mujeres que se olvidan de sus sueños cuando se convierten en madres radica en que eran mujeres cómodas que estaban acostumbradas a dedicar todo su tiempo exclusivamente para ellas.

Esto les permitía postergar cosas sin sentirse culpables, creyendo que si no era ahora lo podrían hacer más tarde.

De pronto, llega la maternidad con todos sus maravillosos cambios y te p de a gritos que te vuelvas organizada sí o sí.

Muchas se vuelven locas porque esta parte no la entienden y continúan con sus mismos malos hábitos creyendo que, bueno, que ahora el tiempo solo es para los hijos y que no da para más.

Sin embargo, ya en el tomo dos de esta trilogía te mostré cómo las mamás creamos nuestro propio tiempo.

Ahora que ya sabes que ser organizada es no solo posible, sino que es necesario para todo en tu vida, ha llegado el momento de mostrarte cómo vas a organizar tu plan de acción para lograr tu éxito.

Recuerda que soy madre y que muchas otras que están triunfando y de las cuales te hablaré con más detalle más adelante también son madres. Y si nosotras podemos, tú también puedes.

Así que pon mucha atención en lo siguiente, pues te daré unas pautas para que puedas empezar a crear tu plan de acción personalizado.

Porque una mamá superpoderosa no nace, se hace.

PLAN DE ACCIÓN

Para mí era importante que conocieras la importancia del plan de acción, ya que deberás trabajar duro para llevarlo a cabo, y quería descartar que pudieras elegir atajos fantasiosos que te desviaran de tu propósito.

Primero que nada, consigue una agenda si es que no sueles usarla. A partir de ahora siempre llevarás una contigo, así que procura buscarla con un diseño agradable para ti.

Si has leído los primeros dos tomos seguramente ya la tienes, pues a lo largo de la trilogía te he hablado de la importancia de que planifiques tus días.

En esta ocasión planificaremos los pasos que darás para que te lleven a tu propósito o propósitos.

Lo primero que debes hacer es marcarte unos objetivos de manera específica.

Y lo segundo será el cómo, y es aquí donde la mayoría de las personas fallan, ya que inician con mucha energía, pero, a medida que se van encontrando obstáculos, se vienen abajo y terminan por abandonar sus sueños.

Recuerda empezar por metas pequeñas que te lleven hacia el objetivo. No te pongas enseguida metas muy grandes, pues podrías llegar a frustrarte y eso te haría retroceder.

Marcar tus objetivos será muy fácil visualizando tu mejor versión, tal como vimos en el capítulo anterior, así que eso ya no debe ser un problema para ti.

Pero para que puedas **visualizar tu objetivo** de una manera **tangible** deberás realizar los pasos adecuados. Esos pasos serán los únicos que te llevarán a realizar tus sueños.

La mayoría de las personas que no lo consiguen es porque no realizan este plan de acción, por lo cual no saben el camino que deben seguir y se van por el camino equivocado.

Si no planificas bien serás como aquel viajero que a mitad de camino se da cuenta de que va por el camino equivocado, pero ya no tiene la misma energía y vitalidad. Además, ya se ha quedado sin agua y sin alimentos.

Lo mismo pasa en el ámbito empresarial, hay muchas personas que se inician en proyectos empresariales. Hoy en día los negocios virtuales están al alza, sin embargo, el hecho de ser virtuales permite que muchas personas no se lo tomen tan en serio como los que tienen un lugar físico.

No se preparan, no crean su plan de empresa, es decir, no definen su negocio, no saben a qué público se dirigen, no saben sus fortalezas ni sus debilidades, no identifican las oportunidades o las amenazas, y, lo peor, no generan estrategias de *marketing*.

Por lo cual no es de extrañar que a los pocos meses se acaben desmotivando, se frustren y el negocio se termine.

A mí ya me pasó. Hace tres años abrí una tienda virtual y no le di la debida preparación, el proyecto era y es muy bueno, tan es así que hay muchos hoy en día que están triunfando con lo mismo que yo intenté en su momento.

Sin embargo, tomé atajos, me salté los pasos y el esfuerzo que dediqué en ello no sirvió para nada.

¿Ves aquí la importancia de planificar?

Y te repito, muchos otros negocios lo han hecho con mejores resultados, la diferencia tan solo es esa.

También quiero dejarte claro que ese intento de negocio lo hice ya siendo mamá. Yo misma creé la tienda virtual y yo misma me encargaba de todo mientras cuidaba de mi niña, que no iba a la guardería aún. Como ves, ser mamá no fue obstáculo.

El obstáculo fue mi falta de preparación, el hecho de no crear un buen plan de empresa que me ayudara a dar los pasos indicados hacia mi objetivo.

Como buena mamá superpoderosa lo he vuelto a intentar, siempre aprendiendo de los errores.

Mi sentimiento de escribir para las madres me nació desde que me convertí en mamá, pero no ha sido hasta que he logrado superar todo lo que había en el camino cuando ya me he sentido preparada.

Pues mi intención no era crear un libro de queja en el cual muchas mamás víctimas se sintieran identificadas tan solo porque compartían mi mismo sentimiento de frustración.

Lo hago ahora que he superado todos los obstáculos del camino y que sé los pasos que di en su momento yo y que han dado la mayoría de madres exitosas.

Ahora que puedo decirte con la frente en alto que, si yo puedo, tú también puedes.

Si dentro de tu propósito de vida se encuentra ofrecer un servicio a la humanidad a través de abrir tu empresa, con mayor razón yo te invito a que realices primero tu plan de acción hacia tu propósito. Créeme, dedicar un tiempo a realizarlo será la mejor inversión que podrás hacer.

Entre mejor conozcas tu destino, mucho mejor te enfrentarás a cada obstáculo.

1.- **Fija una meta cada vez** y escríbela con **fecha de inicio y de finalización.** Si vas queriendo realizarlo todo al mismo tiempo tan solo estarás desperdiciando tu energía, pues no estará concentrada totalmente en una sola cosa, lo cual puede terminar en tener cosas inconclusas. Resultado: te podrías frustrar muy fácilmente.

Un consejo, activa **tu poder azul** clarificador mental, de esta manera podrás estar mucho más segura de las metas que vas escogiendo cada vez.

Recuerda, si aún no has leído el primer tomo no te servirá de nada conocer todas las claves hacia el éxito, pues no tienes las herramientas.

2.- **Focalízate:** Pon tu foco de atención en este objetivo. Una recomendación es que lo escribas, lo puedes acompañar incluso de una imagen tipo "panel visionario", si has visto ya el documental *El secreto* sabrás de lo que hablo. Posteriormente colócalo en un lugar visible para que puedas tener así mayor impacto de tu deseo. No olvides, sobre todo, apuntarlo en tu agenda.

3.- Escribe todas las acciones que deberás realizar: Incluye los diferentes hábitos que crees que deberás cambiar o incluir en caso de que aún no los tengas. Recuerda ponerles sus fechas de inicio y final, ya que si no las formulas con un inicio y fin no serán una meta que cumplir. Debes sentirte de verdad comprometida con tu meta.

Supongamos que tu propósito en la vida es dedicarte a ser cantante. Para ser cantante necesitarías tener una buena voz, así que un **primer objetivo** que podrías marcarte podría ser el siguiente:

"Me apuntaré a clases de canto antes de terminar octubre".

Investigas un lugar en donde puedas realizarlas, ya sea presencial, virtual, etc. Recuerda que los límites tan solo te los pones tú.

Independientemente de lo que te interese aprender, para lograrlo no existe barrera que pueda detenerte.

Así que el ejemplo de marcar un objetivo pequeño está bastante claro.

Recuerda que lo importante es empezar. Imagina cómo serán las cosas dentro de seis meses, una vez que ya hayas dado estos pequeños pasos y empieces a notar tu gran transformación.

Imagina cómo te sentirás, qué pensarán todos de ti, tan solo imagina esa mirada de tus hijos viendo cómo lo has logrado.

Pues bien, será importante que pongas **las fechas de inicio y de final** porque, al apuntarlo en tu agenda, empiezas ya a adquirir un compromiso.

Tan importante es el inicio como el final, pues si no te marcas un tiempo límite para lograrlo tenderás a postergar, y recordemos que hasta el día de hoy ya has perdido media vida postergando.

Tener fechas concretas te ayudará a tomar acción de verdad.

> **Crea objetivos pequeños a corto plazo y ponte fechas.**

Un ejemplo de cómo podría ser tu fecha límite es: "Antes de diciembre del 2020 estaré grabando mi primera demo".

O "A partir del 18 de enero estaré entregando la demo a disqueras".

He querido continuar con el ejemplo de ser cantante para que te quedara más clara la secuencia que seguir, primero caminarás hacia tu preparación, después hacia la profesión desde el inicio.

Lo importante es que siempre estés trabajando tu poder lila, es decir, que cada paso que des lo hagas con la firme convicción de que todo aquello que deseas se realizará.

Una vez ya has marcado tus objetivos con fechas de inicio y de final...

4.- **Anota los posibles inconvenientes:** Es decir, mira tu **situación actual** y reconoce cuáles son los primeros obstáculos que crees que deberás saltar. Escribe las posibles soluciones o **cambios que deberás introducir** para combatirlos.

Y, sobre todo, **activa tu poder lila** de la **fe**, recuerda que el estrés tan solo se apodera de las personas que no creen en el resultado final. Si ves que por el motivo que sea necesitas activar tus superpoderes interiores, hazlo.

De este modo, podrás enfrentarte mejor a las dificultades que se te presenten en el camino como posibles imprevistos.

Tus superpoderes son tu secreto, tan solo las personas muy espirituales en verdad los conocen, pero no todos ellos son mamás. Tú eres madre y tienes dentro de ti las pruebas de tus milagros. No dudes.

Una mamá superpoderosa camina con fe certera.

5.- Revisa tu plan de acción periódicamente: Revisa diariamente los pasos que vas dando hacia tu meta, de esta forma tendrás más presente las fechas previstas para cada cosa. Si eres una mujer creativa, puedes incluso realizar gráficas de tus avances hacia tu meta. Esto te producirá mucha mayor satisfacción, ya que irás viendo cómo cada vez estás más cerca del objetivo. Y en caso de que el resultado no sea favorable, te permitirá ir corrigiendo las cosas que no estén resultando. De esta manera, no pierdes tiempo.

Llevas ya media vida caminando en dirección equivocada, todo el tiempo que puedas ganar a favor te será útil.

6.- Visualiza tu objetivo: Crea en tu mente la imagen de aquello que quieres alcanzar, cuanto más lo veas realizado, mucho más fácil será que llegues a alcanzarlo.

Para ello dedica un tiempo al día para visualizar. Esta herramienta es muy utilizada por los que conocemos más sobre la ley de la atracción y la usamos a nuestro favor.

Sin embargo, visualizar no va de sentarte a imaginar rápidamente sin involucrarte de verdad.

Yo te recomiendo que trabajes **tu poder lila,** es decir, aumentar tu fe, y con ello tus probabilidades de lograrlo, visualizando de la siguiente manera...

CONECTANDO CON MI PODER LILA

Antes de dormir lee el papel en donde has apuntado tu objetivo. Ahora cierra los ojos, realiza cinco respiraciones profundas e intenta conectarte con tu luz lila, empieza a observar cómo tu cuerpo se ilumina de este maravilloso color lila o violeta resplandeciente.

Ahora pídele sin miedo a tu Dios, a aquello en lo que tú más confías, a tu energía de amor infinita, que te muestre esa imagen de tu sueño hecho realidad. Obsérvalo, sonríe si así lo deseas, disfruta de ese momento, percibe tus emociones, nota cómo tu corazón se acelera al sentirte totalmente realizada.

No hace falta que realices una meditación guiada, visualizar solo consiste en proyectar en tu mente esas imágenes de manera tan real que puedas percibir esas emociones.

Guarda cada una de esas emociones, agradece por sentirlas. Da gracias porque sabes que es una realidad.

"Pienso, luego existo".

Descartes

73

Realizar esta visualización cada día te ayudará a clarificarte, pero también a que tu subconsciente trabaje a tu favor. Si tenemos en cuenta que el **95 % de las decisiones las tomamos con él**, veremos que es mucho más importante que trabajemos en influir en nuestro subconsciente.

6.- Prepara tus recursos: Lo siguiente que debes tener en cuenta son los recursos que se necesitan para llevar a cabo tu propósito (económicos, materiales, espirituales, físicos...).

Para ello, nuevamente conecta con tu poder lila, puedes repetir el ejercicio "Conectando con mi poder lila", pero esta vez lo que debes observar es todo aquello que tu mejor versión tiene que a ti te falta trabajar.

Observa detalladamente, y luego apúntalo.

Posteriormente analiza qué recursos deberás conseguir o trabajar y ve rellenándolos en el siguiente recuadro que te presento en la siguiente página.

RECURSOS

Es decir, con qué llevarás a cabo tus objetivos.	Rellena los campos con todo lo que necesitarás.

Ejemplo:

☆ Libros

☆ Audios

☆ Meditaciones

☆ Ejercicios

☆ Entrevistas

☆ Llamadas

☆ Encuentros

☆ Personas

☆ Vestuario

☆ Academias

☆ Formaciones

☆ Dinero

☆ Salud

☆ Tiempo

Recuerda ser sincera y anotar todo lo que consideres que necesitas, no te dejes nada por pensar que algún recurso pueda estar fuera de tu alcance.

Estás creando tu vida. Diséñala con todos los detalles que quieres ver en ti.

Verás que incluso te he puesto de ejemplo la salud y el tiempo, dos cosas que aparentemente crees no controlar, pero que, sin embargo, sí está en tus manos mejorar.

Así que revisa qué nivel de salud necesitas para lograr dedicarte a tu propósito y prepárate si necesitas más tiempo del que le habías estado dedicando, etc.

Sobre todo, recuerda que es importante que tomes **acción de inmediato**. Ya llevas toda una vida postergando tu propósito.

Si tienes dudas sobre los recursos u objetivos que debes marcarte, mi consejo y el de cualquiera que tenga un verdadero éxito es que incluyas contratar un mentor en el tema relacionado.

Está demostrado que todas las personas de éxito los tienen y ahora te explicaré brevemente el porqué.

Imagina que eres estudiante de administración de empresas, te acabas de graduar con honores, sin embargo, descubres que no hay manera de que ninguna de las empresas que has intentando poner en marcha tenga éxito. Dudas de tu capacidad y no cuestionas jamás tu aprendizaje.

Sin embargo, se te está escapando un pequeño pero muy importante detalle. Tus maestros estudiaron de la misma manera que tú, aprendieron solo teoría y posteriormente se han dedicado años y años en seguir estudiando para poder enseñar de temas actuales, pero no son empresarios y mucho menos empresarios de gran éxito mundial.

Entonces descubres que lo que aprendiste está muy bien, pero de quienes realmente debes aprender es de aquellos que están triunfando en eso que quieres lograr.

¿Lo ves ahora?

Ha llegado el momento de que tomes las riendas de tu vida y te permitas realizarte.

¡Muchas felicidades! Ya tienes un **propósito de vida** y un **plan de acción**, ya conoces el camino. Ahora solo camina por este sendero con fe certera.

Haber llegado hasta aquí no ha sido fácil, pero eso habla de que estás adquiriendo un compromiso contigo misma inquebrantable.

Ahora ya has dado el primer paso hacia el éxito, ya que las personas más exitosas del mundo entero aman su profesión porque la hacen con pasión, y esto tan solo te puede llevar al éxito.

CAPÍTULO 4

MAMÁS EXITOSAS

Veamos algunas mujeres que son madres también y son como la deslumbrante **flor de loto,** pues son mujeres extremadamente exitosas, a pesar de las circunstancias que tenían en su pasado. Ellas caminaron con fe certera, con un gran compromiso por aquello en lo que creían, y ahora gozan de una gran fortuna.

Por mencionarte algunas, **Jennifer López** es una de ellas y, de hecho, ya en el segundo tomo, *Mamá frente al espejo,* te hablé un poco de la gran disciplina de esta mujer y de cómo, a pesar de venir de un origen humilde, ahora está en la cima del éxito. Se convirtió en madre siendo ya exitosa, sin embargo, esto para una mamá víctima hubiera supuesto una baja en su carrera, pues muchas se devastan hasta tal grado que dan de lado lo que habían estado haciendo hasta el momento.

Sin embargo, ella hizo todo lo contrario, ya que ella es una poseedora de mente en crecimiento, de este tipo de mentes ya te hablé en el primer tomo.

Otro gran ejemplo es la gran **Michelle Obama,** una mujer que, tal como relata en su libro, *Mi historia,* creció en un núcleo familiar modesto. Sin embargo, ella desde pequeña aprendió de sus padres a desarrollar una **mentalidad en crecimiento** brillante, ya que le enseñaron siempre a enfocarse en lo que quería.

Tanya Moss, que muestra el talento mexicano que yace en las mujeres, se ha consolidado como una marca referente en el mundo de la moda y la joyería a nivel internacional. Esta diseñadora y empresaria mexicana ha sabido encontrar el equilibrio entre sus pasiones: ser madre y artista.

Es madre de dos hijos, y ella ha expresado lo siguiente:

"Tanya Moss es una firma muy femenina, y la mariposa, para mí, es el símbolo de la libertad, del poder romper barreras, crear y evolucionar y nunca quedarte estática en un solo lugar. Todo ese mensaje quiero que todas las mujeres se lleven. Tú rellenas a la mariposa con tu propio significado de lo que la vida es para ti".

Caterina Fake. ¿Alguna vez has usado Flickr? Este proyecto es obra de Caterina Fake. Ella es cofundadora de este sitio y de Hunch, además de que tiene influencia en diversos sitios como Etsy y Daily Booth. Esta emprendedora de la era digital es madre de tres hijos y es uno de los grandes referentes en cuanto a negocios en redes sociales y en creatividad en Internet.

O qué decir de Carolina Herrera, ella es muestra de que no hay límite que se presente ante las metas de una mujer. Personalmente ella es para mí una gran inspiración y estoy segura de que para muchas mujeres en el mundo entero también.

Esta venezolana ha logrado posicionar su marca como una de las más reconocidas a nivel mundial y ha fundado un imper o.

Sí, estás leyendo bien, un imperio gracias a su impecable estilo, que ha reflejado en su ropa, zapatos, bolsas y perfumería. Carolina es madre de cuatro hijas, Mercedes, Ana Luisa, Carolina Adriana y Patricia, quienes participan también en su negocio. Ella misma ha dicho: "Mi hija Adriana representa a la perfección la mujer de mis líneas, joven, elegante, con un estilo propio y una personalidad increíble".

¿Ves ahora cómo ser madre puede ser una gran inspiración y motivación? Por ello, no me cansaré de repetirte que ser mamá es una ventaja que tú tienes en comparación al resto.

Ser madre es ventaja y no excusa para olvidarte de tus sueños. Poner a los hijos de excusa tan solo es la mejor respuesta de la mamá víctima que quiere quitarse la culpa y echársela al resto.

Sin embargo, una mamá superpoderosa sabe que la única responsable de lo que le sucede en su vida es ella. Lo reconoce y trabaja para conseguir lo que sí quiere.

La lista de madres exitosas es interminable, así como la lista de mamás que han descubierto su propósito de vida a raíz del nacimiento de sus hijos, pues ha sido ese el momento en el que han sentido la necesidad de crear una mejor versión de sí mismas. Lo mismo que tú, querida lectora, ahora estás sintiendo, ya que si estás aquí es porque dentro de ti se está despertando esa ilusión de transformarte en todo aquello que siempre soñaste para, de esta forma, lograr un equilibrio en tu vida entera.

Recordemos siempre que una mujer feliz y exitosa será una mamá feliz y exitosa, una mamá feliz y exitosa tendrá hijos felices y exitosos.

¿Lo ves? Así es como funciona, primero nos transformamos por dentro y entonces brillamos por fuera.

Veamos ahora qué están haciendo todas esas mamás exitosas que a ti se te está escapando.

DIEZ CLAVES DE LAS MAMÁS EXITOSAS

Recuerda que una mamá superpoderosa no nace, se hace.

¿Qué quiero recordarte con esto?

Pues que deberás trabajar muy duro para poder llegar a tu meta.

1.- Sé auténtica

Ya hemos visto en el capítulo anterior que el primer paso que deberás dar es encontrar tu propósito, pues es importante tener muy claro lo que quieres hacer.

Para mí es de gran importancia dejarte claro que no existe un propósito de vida que sea menos que otro. Es decir, que el hecho de que el tuyo no sea formar un imperio no quiere decir que lo que tú has venido a realizar y a aportar a este mundo sea menos.

Sin embargo, lo que sí que debes tener claro es que cualquiera que sea tu propósito y por muy lejano que ahora te parezca de tus circunstancias actuales, tienes la suficiente capacidad para conseguirlo.

Si algo tienen en común tú y estas mujeres es que son mujeres, son madres y tienen un propósito. ¿La diferencia sabes cuál es?

Que ellas han trabajado muy duro para conseguirlo. Por ello, lo primero que debes hacer es ser honesta con esta mujer que siempre has sido, porque sin importar el camino que tomes estarás tranquila, porque has sido tú la que lo ha escogido.

Cualquier oposición de alguna persona en tu camino tan solo debes percibirla como un ruido que vas dejando en cada paso firme que das. No te tomes en serio a las personas que duden de tu capacidad de lograr tu propósito. Tú sabes que eres capaz y lo vas a lograr.

No permitas que lo que te diga el resto te defina. Tú sabes quién eres, a ti no te define un trabajo, unos estudios, una condición económica o familiar. Nada debe detenerte, solo deben importarte tus propias expectativas.

Porque Dios, la energía o como le llames tú a esa fuente inagotable de amor, te ha dado las circunstancias perfectas.

Así es, por mucho que ahora mismo te cueste entender por qué tu vida ha tenido determinadas dificultades sabes que siempre han sido para prepararte para esta vida que hoy estás dispuesta a iniciar.

Olvídate ya de esa mujer del pasado soñadora, conviértete en esa mujer que realiza sueños, con cada respiración que des siente tu vida, siéntete capaz y ve en busca de tus sueños.

Ellos te están esperando.

Así que, como ves, deberás ser honesta y tener integridad, ya que el éxito, si no es honesto, no cuenta.

2.-No le temas al fracaso

Uno de los mayores miedos de las personas es el miedo al fracaso. ¿Recuerdas cuando eras estudiante qué pasaba cuando el profesor decía "¿Alguna pregunta?"? Muy difícilmente verías manos levantadas, así fuera que todos estuvieran llenos de dudas. El miedo a la burla del resto no es bueno, permitir esto tan solo te limita y no te permite avanzar.

Por ello, si tienes dudas pregunta, si algo no lo sabes sé humilde y aprende de alguien que sí lo sepa.

3.- No tomes atajos

Si el camino que has elegido te exige hacer diferentes rutas, hazlas, recuerda que quieres llegar a ser la mejor, no solo una mujer más del montón. Tú no has venido aquí a ver brillar las estrellas, has venido a ser una de ellas.

Puede ser que durante el camino te vengan dudas de si eres lo suficientemente capaz, de si de verdad estás lista, pero yo te digo que sí lo estás y que debes hacerlo.

Tal como te he dicho a lo largo de estos tres tomos ya, he realizado una amplia investigación intentando llegar a encontrar una manera de brillar como mujer y como madre. Me he leído muchos libros sobre técnicas, métodos, metafísica y leyes universales. Me he formado con un gran mentor, del cual ya te he hablado reiteradamente, no solo leyendo sus libros o viendo sus publicaciones, sino que me he comprometido de verdad y he realizado una formación de seis meses a su lado, gracias a la que he podido llegar a un nivel superior, del cual ya no quiero bajar.

Y con esta trilogía quiero que tomen conciencia todas esas madres que como yo en su momento pudieran haber dudado de si sus sueños ya se habían terminado. Yo te digo que no es así. Pero necesito que te dejes guiar por mí, ya que yo no solo estoy formada para guiarte, sino que soy madre y entiendo todo aquello que las personas que no saben lo que es la maternidad no pueden ver.

Sabemos que, como madres, vivimos en un constante cambio de emociones y experiencias nuevas.

El cambio en nuestras vidas es continuo, pero no limita, al contrario, ¡¡nos impulsa!!

Tan solo debes dejarte ayudar, todos hemos sido ayudados en su momento. Hasta el mismísimo presidente del país que quieras ha sido guiado por mentores y profesores altamente cualificados. De una manera contraria jamás habrían llegado hasta donde están.

Por ello, mi deber es hacerte ver que el camino no es sencillo, pero que si tú lo deseas puedes conseguirlo.

4.- Trabaja duro

Continuamente he estado trabajando contigo la idea del trabajo, ya que no es suficiente querer realizar las cosas, debes trabajar duro para conseguirlas. Nadie ha dicho que las cosas sean fáciles.

El mayor éxito en la vida no viene por "suerte" ni por lo talentoso que seas en determinada cosa. La suerte no existe.

Existe la recompensa del trabajo duro. Trabaja incansablemente hasta lograr tus objetivos, y cuando termines trabaja más.

Esta es la diferencia entre los que no lo consiguen y una mamá superpoderosa plena y exitosa.

Vuelve tu propósito una **gran obsesión**, obsesiónate con aquello que es tu pasión. Recuerda que nuestras conductas son las que nos llevan a conseguir aquello que queremos. Las personas suelen equivocarse todo el tiempo, se obsesionan con cosas que no tienen sentido, se relajan y se rinden cuando deberían estar luchando incansablemente.

Tú más que nadie sabes cómo hacerlo sin perder la fe.

¿Recuerdas cuando quedaste embarazada? Fue un momento de gestación, durante ese tiempo viviste diferentes momentos que no fueron fáciles, ya que, aunque unas presentan más síntomas físicos que otras, la realidad es que todas hacen un gran esfuerzo por llegar a término de la mejor manera posible.

Durante tu embarazo esperaste paciente cada mes, enfrentándote a cada desafío que traía para ti, y jamás dudaste de que lo que verías al final del camino era el milagro de la vida, ¿cierto?

Por ello, te he repetido constantemente que tú como madre llevas ventaja entre muchas personas en el mundo entero. Primero, sabes mucho mejor que nadie que para ver los milagros ante ti todo tiene un **tiempo de gestación**, también sabes que ver los milagros requiere **sacrificio,** pero no un sacrificio mal entendido, aquel en el que antepones a otros antes que a ti. Me refiero al sacrificio de hacer cambios de hábitos por el bienestar tuyo y del bebé, por ejemplo.

La vida, que es tan sabia, ya te ha mostrado cómo funciona todo. Y dentro de ti sabes que lo que te digo es cierto, y no porque te lo diga yo, sino porque lo has vivido en carne propia. Nadie puede hacerte dudar.

Pues bien, esta es la actitud que necesitarás para trabajar y lograr todo lo que te propongas en la vida, incluida esa ansiada crianza feliz.

Entiendo que, como madres o pilares de un hogar, muchas veces tenemos el doble o triple de cosas que solucionar. Pero, tal como te enseñé en el tomo dos, por ello es importante que crees tu equipo y trabajen juntos.

De igual manera, habrá cosas que solo podrás hacer tú tan solo porque eres madre, pero créeme que eso no te limita para conquistar tus sueños.

Si tienes que esforzarte el doble o triple hazlo, haz lo que sea necesario, pero no te conformes, por favor.

Que hasta tu último suspiro sea dando lo mejor de ti.

Por ello, otra cosa que las mamás exitosas hacen que el resto no es la disciplina, una persona que no cumple en las cosas sencillas, mucho menos lo podrá hacer en las cosas más complicadas.

Piensa que deberás trabajar duro para romper con tus propias costumbres. Te voy a poner un ejemplo de cómo nos vemos influenciados por nuestro entorno para que puedas autoanalizarte y ver la raíz propia de por qué aún no tienes esa disciplina.

Yo nací y crecí en Acapulco, México, una ciudad maravillosa con un clima encantador la mayor parte del año. Sin embargo, en temporadas de lluvias, muchas veces estas suelen ser tan fuertes que incluso hemos llegado a tener huracanes, como el huracán Paulina en el año 1997. Este me tocó presenciarlo, y definitivamente por ello entiendo que los acapulqueños hayan desarrollado mucha precaución al respecto.

Sin embargo, ya desde muchos años antes me di cuenta de que tan solo si se nublaba o parecía que fuera a llover ya era muy aceptable el hecho de faltar al colegio, tanto alumnos como profesores. Así que yo crecí en un lugar en el que tan solo con una amenaza de lluvia la gente suspendía labores con singular alegría.

Crecí viendo cómo incluso niños y niñas decían: "Ojalá llueva, así no habrá clases". Imagínate el fuerte impacto que esta costumbre ha tenido a lo largo del tiempo en toda la gente que ha crecido con esta creencia. Yo incluida, claro.

Llegué a vivir a Cataluña en el año 2007 y de pronto veía cómo, con grados bajo cero, con nieve o no, vientos fuertes, lluvia o lo que fuera, mi marido jamás tenía un ligero pensamiento de faltar al trabajo por algo climático. Yo, en cambio, no daba crédito. "Pero, ¿cómo vas a trabajar así?", preguntaba asombrada.

Sin embargo, él había crecido en una cultura en la que no importa la situación en la que te encuentres, incluso hasta si estás enfermo, si la enfermedad te permite cumplir lo haces y punto.

Poco a poco, lo empecé a vivir en carne propia, ya que tomé clases de catalán por las noches, estudiaba por las mañanas educación infantil y tuve que sacarme el carnet de conducir estudiando teoría, cuando esto en México ni por asomo se me hubiera ocurrido. Tuve que memorizar mil señales y aprender muchas normas que no tenía idea de que existían.

Entonces me descubrí a mí misma trabajando, estudiando, y todo sin importar si tenía fiebre, llovía o relampagueaba.

Con el paso de los años normalicé estas creencias y descubrí que me hacían ser mucho mejor persona y que buscar excusas en todo lo que nos rodea tan solo nos va limitando y no nos permite avanzar. Llevo viviendo aquí doce años y agradezco enormemente este aprendizaje, pues sin vivir en carne propia esta forma de vida ahora mismo no sería la misma.

Y con esto no es mi intención decir que un país sea mejor que otro, ya que México es muy grande y tan solo te he hablado de una ciudad y de una parte de esta ciudad en la que yo crecí. Pero he querido hacerlo para que puedas analizar tu propio entorno.

Incluso, aunque tú que me estás leyendo puedas ser de Cataluña, quizá puedas descubrir o bien similitudes de trabajar duro o una manera totalmente diferente de vivir dentro de aquí mismo, ya que generalizar nunca ha sido bueno.

Todos los seres humanos somos únicos, por ello es que muchas veces ves cómo de en un *barrio de mala muerte*, como vulgarmente se dice, salen personas de gran éxito y no das crédito de cómo ha podido pasar.

Pero estos casos son pocos y tienen mucho que ver con la base nuclear familiar.

Una mujer que te he puesto como ejemplo de mamá exitosa es Michelle Obama. Ahora quiero compartirte un análisis que hice sobre su núcleo familiar y de cómo ella aprendió este tipo de disciplina con el trabajo. Así podrás entender mucho más cómo, si tú das ejemplo, tus hijos serán el día de mañana personas de bien.

Ella comenta cómo su padre, que **padecía de esclerosis,** sufría mucho con esta enfermedad, pero, a pesar de ello, siempre actuaba como si los médicos no le hubieran hecho tal diagnóstico, ya que él intentaba llevar una vida lo más normal posible. Aquí podemos ver un gran ejemplo en su padre, pues ella aprendió de él que no importa las etiquetas que te quieran colgar un doctor, un maestro o cualquier tipo de persona.

Al final de cuentas, tú eres lo que tú aceptas como tal.

Esto me recuerda la historia de mi querido mentor, **Lain García Calvo**, al cual también se le diagnosticó síndrome de fatiga crónica y, sin embargo, nunca tiró la toalla, al grado que se proclamó campeón de natación.

Y hasta el momento es la persona que conozco que más energía y vitalidad muestra, y eso gracias a que no se dejó etiquetar como "enfermo". Así que puedes ver en estos ejemplos cómo las etiquetas también te las pones tú sola. Está en ti, querida lectora, el decidir qué etiquetas aceptas en tu vida.

Si aceptas el de una mamá superpoderosa o te quedas con el de una mamá víctima que se queja de todo.

5.- Toma tu papel en serio

Las mujeres y mamás exitosas se toman su papel muy en serio, sin importar lo que hayan decidido realizar con sus vidas ellas. Son el tipo de personas que saben que en cada circunstancia hay algo enorme que aportar.

Veamos, por ejemplo, la cantante **Shakira.** En una entrevista explicó que: "Me lo tomé muy en serio, no era un juego para mí, estaba totalmente apasionada por la música y tenía clarísimo que eso quería hacer por el resto de mi vida".

O la misma **Michelle Obama**, cuando fue cuestionada por la conductora **Ellen Degeneres** en su programa sobre si sentía más responsabilidad al ser primera dama afroamericana, respondió: "No me atrevería a compararme con ninguna otra primera dama, pero tomo el papel en ser o, sé que los niños nos miran, ven lo que decimos y lo que hacemos".

Por lo cual, sea cual sea tu propósito de vida, es importante que te lo tomes en serio y en cada pequeño detalle des lo mejor.

Un ejemplo: si tu propósito de vida es ser repostera, realiza cada postre como si fuera a ser presentado para un concurso. El hecho de imaginarte que será juzgado te permite realizar las cosas con una mayor exigencia de tu parte. Si, por el contrario, sigues realizándolos pensando que solo serán postres que no saldrán nunca de tu cocina tu dedicación será menor y no te exigirás mucho.

6.- Sueña tus sueños

Quizá seas el tipo de mamá que me diga: "Pero yo lo que siempre soñé no era construir un imperio ni tener mi propia empresa de nada. Tan solo soñaba con ser mamá". Así como habrá quien diga: "Yo tan solo soñaba con encontrar el amor en pareja y tener una familia feliz".

Y no está mal que tengas claros esos sueños, puedes realizarlos, pero sé sincera.

¿En verdad tan solo has venido a eso?

¿De verdad tu misión en esta vida era llegar aquí y no continuar?

¿Qué has venido a aportar?

Si eso te hace feliz, adelante, es tu vida. Pero hazlo segura de que a eso has venido en verdad a este mundo. Mientras sea tu propósito de vida en verdad, hazlo, y que no te importe lo que el resto opine.

Realmente nunca daremos gusto a los demás, vivimos en un mundo competitivo y mayoritariamente dominado por el egoísmo.

¿Te has fijado que, cuando más brillas, las personas más cercanas a ti no parecen apoyarte?

Esto es normal, ya que la gente no quiere verte mejor, incluso te saldrán muchas más amistades cuando te vean mal, pues a la gente le gusta sentirse superior y verte desde arriba como alguien que te puede guiar.

Pero si, por el contrario, te empiezan a ver triunfar, se alejan porque tu brillo les opaca. No les culpes, es naturaleza humana, y solo aquellos que se preocupan en verdad por entender mejor cómo funciona nuestro comportamiento lo pueden llegar a trabajar mejor.

Recordemos lo que explicaba la cultura Tolteca, lo verdaderamente importante es **"Hacer el máximo esfuerzo",** aludiendo a la idea de que nos cuesta mucho trabajar con nuestros pensamientos y ser mejores.

Pero lo importante era intentarlo haciéndolo cada vez con nuestro mayor esfuerzo, de esta manera podemos ir **reduciendo el número de errores** al relacionarnos con el resto.

Ellos también afirmaban que estar despiertos era en realidad un sueño.

¡Sueña sin límites!

Pero sueña tus sueños y vívelos intensamente.

Si lo logras habrás triunfado, pero debe ser algo que de verdad lo quieras con toda tu alma.

Por ello vigila que no estés viviendo la vida de tus hijos.

Una manera preciosa de transmitir emociones del alma es a través de la poesía, así que quiero compartirte el siguiente poema de Teresa de Calcuta, en el cual su alma expresa de una manera sencilla y poética el mensaje real que los padres deben tener presente en su sueño de vida.

Enseñarás a volar,
pero no volarán tu vuelo.
Enseñarás a soñar,
pero no soñarán tu sueño.
Enseñarás a vivir,
pero no vivirán tu vida.
Sin embargo...
en cada vuelo,
en cada vida,
en cada sueño,
perdurará siempre la huella
del camino enseñado.

Teresa de Calcuta

Como ves, si lo que tu alma te pide no tiene nada que ver con destacar profesionalmente y tan solo quieres estar disponible para tus hijos y ayudarles, hazlo.

No importa que el resto te juzgue, si eso es lo que quieres es porque así debe ser, pero sin olvidar tus propios sueños y misión de vida, no pretendas que tus hijos vivan la vida que anhelabas tener.

De hacerlo querrá decir que no tienes la suficiente valentía para realizar tus propios sueños y estarás delegando una responsabilidad que no les toca a tus hijos.

Ellos tienen su propio propósito de vida y tu deber como madre tan solo es guiarles y no obligarles a seguir los pasos que tú hubieras querido.

Así que identifica bien esta diferencia, ya que, si esta es tu intención, entonces no dudes.

Te estás equivocando.

No dudo que tus hijos hayan podido heredar tus mismos talentos, incluso que puedan llegar a tener una misión de vida muy similar a la tuya. Sin embargo, lo importante es que lo descubran ellos y que tú te realices en verdad. Recuerda que una mamá superpoderosa es una mujer realizada y no frustrada.

Si tú pretendes educar hijos triunfadores dando de lado a tus sueños, solo irás directo a la frustración.

Recuerda que hay dos tipos de mamás: las mamás superpoderosas y las mamás víctimas. Dime de qué lado estás.

7.- Toma acción

Las superpoderosas no están en el sofá soñando despiertas, llenas de dudas sin saber, ¿qué van a hacer? Las mujeres de éxito saben lo que quieren y están constantemente trabajando por ello.

Son mujeres seguras de sí mismas, saben que ser mamá es una gran responsabilidad y no esperan que sus hijos o todo su entorno sean maravillosos sin esfuerzo alguno. Ellas son conscientes de que son el cambio que quieren ver en el mundo.

Recordemos la ley del espejo (todo lo que tú eres se proyecta en tu exterior). Si tienes alguna duda repasa el segundo tomo de esta trilogía para refrescar estos conceptos.

Mientras el resto están tomando un descanso, tú no pararás a descansar hasta que aquello que te has propuesto esté terminado.

En el capítulo en el cual trabajamos para descubrir tu propósito pudiste ver que había que realizar un plan, es decir, un plan de acción.

"Una cosa buena que tiene ser madre es que te organiza".

Shakira

He querido compartirte este comentario de Shakira porque, como, ves todas las mamás superpoderosas lo saben. La clave está en saber lo que quieres en verdad, organizarte y trabajar duro para lograrlo.

A lo largo de esta trilogía he querido dejarte claro eso, que mientras para la mamá víctima el hecho de ver reducido su horario la limita y la excusa, para la mamá superpoderosa esto le reta y le hace realizar muchas más cosas durante el día de las que solía hacer.

Por ello, prepara bien tus recursos, de los que hablamos en el capítulo plan de acción exitoso.

8.- Crea un horario

Esto te permitirá sacarle el mayor provecho a tus días.

Recuerda que, entre más des a la vida, más la vida te dará a ti. No puedes quejarte si estás recibiendo poco tan solo dando la mitad de lo que podrías estar dando en cada uno de tus días.

Ninguna de las mamás exitosas que te he mencionado es diferente a ti, lo que es diferente es lo que hace.

Shakira comentaba en una entrevista su horario y decía que ahora dedica solo cuatro horas al estudio y sale disparada a buscar a los niños al colegio o llevarles a sus actividades.

Tú podrías decir: "Bueno, ella tiene mucho dinero, ¿por qué no va alguien más a buscar a sus hijos?". Pues porque ella es una mamá superpoderosa que sabe que el equilibrio es importante.

Dar calidad al trabajo, dar calidad a los hijos, a la pareja… Como ves, todas ellas comparten la misma mentalidad.

Ellas saben que los hijos necesitan rutinas y respetan sus horarios, así que crean sus propias rutinas para ellas, que les permiten colaborar con la de sus hijos y crean de esta manera un balance.

9.- Sé autocrítica

Repetidamente te he ido haciendo ver que lo que opine el resto de ti no tiene importancia, pues cada persona opina de acuerdo a sus creencias. Y si ahora mismo no estás triunfando en lo que más te apasiona es porque estás vibrando en una frecuencia de escasez, así que muy probablemente tu entorno más cercano lo haga de la misma manera. Que no te extrañe el hecho de que plantearles algo totalmente nuevo y diferente les provoque un cortocircuito.

Lo que sí que deberá importante es lo que tú opinas sobre ti misma. Revisa los pasos nuevos que vas dando hacia tu camino del éxito y háblate con la verdad. Reconoce si ves que podrías estar dando más.

Pregúntate qué cosas puedes mejorar, y si las encuentras cámbialas.

10.- Estudia tus superpoderes

Esta trilogía no está hecha para que la leas como entretenimiento sin más. Es una guía para que logres una transformación a base de esfuerzo y mucha dedicación para cambiar creencias antiguas que como mamá no te ayudan en nada, pues tan solo te hacen sentir víctima y te desarman ante la adversidad.

Por lo cual, será importante que tengas **los tres tomos** siempre a mano, que los repases constantemente para que de esta manera vayas interiorizando mejor cuáles son tus poderes interiores y cómo potenciarlos cada vez que lo necesites.

11-. Crea tu grupo de apoyo

Las mamás verdaderamente exitosas saben la importancia de trabajar en equipo. Ningún imperio está construido tan solo con dos manos. Hace falta crear un grupo de apoyo de confianza con el cual trabajar juntas hacia un objetivo.

En este caso, estudiar tus superpoderes interiores está muy bien, pero si, además, creas un grupo de **madres** como tú, que estén viviendo actualmente una situación parecida a la tuya, estarás aumentando la posibilidad de que tu objetivo se expanda.

Las mujeres más fuertes son aquellas que se ayudan entre sí.

Mi propuesta es que regales el tomo de esta trilogía que más quieras trabajar a una amiga o conocida y le invites a que juntas os reunáis una vez a la semana para estudiar y analizar vuestros superpoderes.

Juntas podéis pensar en más madres que puedan estar interesadas en conocer estas técnicas.

Así estarás dando un beneficio a una mujer que quizá no lo expresa, pero que al igual que tú en algún momento se ha encontrado perdida, sin saber cómo volver a juntar las piezas de su vida después de la maternidad.

Y, al mismo tiempo, tú te beneficias porque tendrás tu primera compañera en este camino en el que tanta falta hace el apoyo.

Creáis una lista y las invitáis a unirse a vuestro grupo. Con una hora a la semana que tengáis para estudiar juntas, veréis los resultados. Nombrad una líder, cread reuniones de estudio e incluso encuentros en los que podáis llevar a vuestros peques, si es que lo son. Cread vuestra propia hermandad de mamás superpoderosas y brillad en el firmamento sin límites.

Existen hoy en día muchos grupos *online* de apoyo entre mamás, pero si lo que quieres es ver una diferencia real en tu vida, crea tu grupo presencial. Cread juntas una identidad como grupo.

Existen madres que se reúnen incluso los fines de semana. Estas reuniones suelen ser para madres que sus parejas trabajar en un horario tan absorbente que no les permite ayudar más de lo que ellos quisieran, o para madres solteras, divorciadas.

Obviamente también para las casadas con maridos con tiempo disponible es factible, pero para ellas lo ideal sería quedar otro día diferente que no interfiera con la convivencia en familia de padres e hijos.

De igual manera, debes saber que crear tu red de apoyo te permite tener una fuerza colectiva impresionante. Juntas podréis ir calibrando, es decir, afinando detalles que creáis que se pueden mejorar.

Verás cómo llegará el momento en el que no veas la hora de que llegue ese día para compartir con tu grupo de apoyo todos tus avances y experiencias.

Podéis uniros a mi página de Facebook, Diany Peñaloza, y compartirme todos vuestros avances y mejoras en vuestro camino como mamás exitosas y superpoderosas.

Incluso si vais teniendo dudas en el camino con mucho gusto los días que realizo mis directos las contestaré.

Yo siempre estaré para ti y para el resto de mamás del mundo entero, para recordaros que no estáis solas y que el poder lo tenéis dentro, que existen estos maravillosos colores que os ayudarán a relacionarlos y recordarlos en los momentos indicados.

Tener tu propio grupo te hará sentir más seguridad, no dudes y haz esa llamada ya a esa amiga que crees que puede estar necesitándolo tanto como tú.

Recuerda que tus sueños llevan mucho más tiempo esperándote, no tardes más y hazlo.

Hay dos tipos de personas en el mundo: las que leen los libros y no hacen nada o las que ponen en práctica el contenido y disfrutan de los resultados.

¿De qué tipo eres tú?

CAPÍTULO 5

¿PROFESIONAL O AMA DE CASA?

Muy probablemente en el descubrimiento de tu propósito de vida te asalten ciertas dudas normales en todas las mujeres.

Y es que durante años se nos ha etiquetado como el único género que puede encargarse del cuidado del hogar e incluso de los hijos, haciendo que nuestro horario disponible para realizarnos como profesionales, si así lo deseamos, se vea aún más disminuido, siempre y cuando lo permitamos y no creemos nuestro equipo. Tal como te enseñé en el segundo tomo, *Mamá frente al espejo,* la repartición de roles dentro del hogar no es exclusiva de la mujer.

Una vez que tenemos esto claro, veamos cuál es la siguiente duda que les asalta a las mujeres.

¿Es conveniente salir a trabajar fuera o quedarme al servicio del hogar y de los hijos?

Mucho se ha debatido ya sobre si las mamás deben ser amas de casa o profesionales, y la realidad es que, como todo, no hay una verdad absoluta.

Pero de igual manera me gustaría hablarte con más detalle de la importancia de cada una de estas dos opciones para que, cuando tomes una decisión, lo hagas mucho más consciente de las consecuencias de estas.

Veamos, primero, una definición de **"ama de casa"**. Se trata de una persona que se encarga de desarrollar aquellas tareas que son necesarias para el funcionamiento cotidiano de un hogar.

Si nos basamos en esta definición estaríamos hablando de que todas las mujeres que nos encargamos de esto, si salimos trabajar, no somos amas de casa, ¿cierto?

Pero, además, estamos viendo que, de no hacerlo correctamente, lo que está en juego es el correcto funcionamiento de tu hogar, y no importa que seas una multimillonaria que puede pagar servicio para realizar las tareas del hogar.

Pues de igual manera deberás dar indicaciones que seguir, y, de no hacerlo bien, da igual que tengas mil ayudantes, si tú no sabes lo que quieres en tu hogar, tendrás el hogar al modo de ver de otra persona ajena a ti.

Yo no me veo viviendo en una casa decorada al gusto de una extraña, organizada al gusto de una extraña y comiendo lo que me quieran dar. Serás tú y tu equipo, ya sea tu esposo o con quien estés compartiendo tu hogar, los que decidirán esto.

Por lo cual, tanto para hacerlo tú misma como para delegar, debes saber primero qué es lo que quieres, y eso significa ser también una ama de casa.

¿Has visto ese tipo de personas que incluso la ropa la quieren planchada de una determinada manera? Pues eso, si tú no tienes claro cómo te gusta que te hagan las cosas muy difícilmente podrás dar las indicaciones correctas.

Y si, por el contrario, eres esa mujer que sabe perfectamente lo que quiere, pero que no se cree capaz de llegar a conseguir que alguien trabaje para ella en su hogar, entonces tienes mucho más que trabajar, pues debes borrar esos pensamientos que no te permiten progresar.

Para mí es importante dejarte esto claro desde un principio, pues generalmente la gente supone que una profesional llega a su casa a estirarse en el sofá. Esto se lo puede permitir una mujer soltera, sin hijos.

Una mamá superpoderosa sabe que trabaje fuera de casa o no, el trabajo no termina.

Anteriormente te he explicado que son muchas las mujeres que ahora tienen un imperio y no nacieron en cuna de oro, pero tenían claro dónde querían llegar, y sin importar las circunstancias lucharon hasta el final. El resultado es que ahora bendicen a sus hijos con su éxito y ejemplo.

Pero veamos en más profundidad la gran importancia que tienen las mujeres que se dedican a ser amas de casa.

Voy a compartirte una historia de reflexión que creo adecuada para que puedas irte haciendo una idea de lo que vives o podrías vivir como **ama de casa exclusivamente.**

AMA DE CASA

En cierta ocasión un grupo de mujeres reunidas una tarde estaban tomando café, presumían un poco de sus logros profesionales. Una hablaba de la maestría que se estaba sacando, otra de su puesto en una compañía importante, otra de su propio negocio, y así todas fueron hablando de sus ascensos y logros en la vida.

Entre ese grupo de mujeres había una señora muy callada a la que le preguntaron a qué se dedicaba, ella con tono de vergüenza contestó que era ama de casa.

Una psicóloga que estaba presente salió inmediatamente en su defensa y dijo:

"La profesión de una ama de casa es la constructora de la base de la sociedad, cualquier mujer puede ser remplazada en su cargo de trabajo menos en su propio hogar.

»La sociedad consumista ha hecho que se menosprecie su trabajo porque aparentemente no produce ingresos a la familia. No hay nada más equivocado, pues una ama de casa es la cabeza de la institución base de la sociedad, la empresa que representa se llama familia, y su producción es nada más y nada menos que los hombres y mujeres del futuro. Cuando una madre cura las raspaduras de sus hijos en la rodilla, es chofer de ellos por las tardes o va al supermercado para que todos tengan algo que comer, es en este momento que ocupa el cargo de servicios generales.

»*Cuando la vemos explicando difíciles divisiones con decimales a sus hijos o enseñándoles educación y, sobre todo, respeto, en ese momento ocupa el cargo de gerente de recursos humanos; cuando se le oye hablar de las cualidades de sus hijos, en ese momento se convierte en la gerente de marketing, pues nadie cree tanto en su producto como una madre en sus hijos. Su turno de trabajo puede empezar en la madrugada con el llanto del bebé con hambre, puede continuar el resto del día encargándose de que toda la casa funcione bien, por la tarde es chofer y maestra de sus hijos y por la noche la esposa amorosa que escucha y atiende a su esposo.*

»*Ella puede seguir levantada esperando a que su hijo adolescente regrese de la fiesta, y cuando tiene un minuto de descanso no deja de pensar en sus funciones, no puede delegar su trabajo porque al imprimirle tanto cariño es casi imposible encontrar un personal capacitado para igualarla.*

»*Ella no puede encargarle a la secretaria la transmisión de valores, moral y principios, ni mandar por fax el beso de las buenas noches.*

»*Su salario es inalcanzable, de hecho, ella no concibe la idea de recibir algo a cambio, pues lo hace todo por amor. El día de las madres recibirá una flor, un dibujo con brillantes rotuladores, con la estrellita en la frente de sus hijos, y con esto sentirá que le han dado el mejor de los ascensos.*

»*¿Pensión de jubilación? Nada de esto, lo que recibirá más bien después de catorce o dieciocho años de inagotable trabajo será, aparentemente, despedida sin prestaciones cuando le digan: 'Por favor, mamá, no te metas en mi vida'. En ese momento queda apa-*

rentemente despedida, porque la presencia de la madre es importante, aunque en ese momento no se den cuenta los hijos.

»¿Dónde está el monumento o diploma de estas empresarias que no se cansan de ejercer su trabajo? El médico, empresario, artista, sacerdote, ingeniero, licenciada, arquitecto, doctora, esos son sus logros, trofeos y diplomas".

Dios bendiga a las ejecutivas del hogar.

Anónimo.

Como has podido ver, es un trabajo muy importante, duro y poco valorado.

Muchas mujeres han luchado mucho para poder obtener los mismos derechos que los hombres, queremos demostrar que somos capaces de aportar economía a nuestro hogar. Y eso está muy bien, el problema es que el trabajo de ama de casa sigue siendo solo nuestro. Es como una extensión de ser mamá.

Puedes crear tu equipo de ayuda tal como te he enseñado, dejarte ayudar y lograr equilibrarlo.

Pero no puedes escapar de él, así que, por muchas horas que dediques a tu trabajo fuera de casa, dentro de tu hogar te esperan muchas decisiones que tomar y acciones que llevar a cabo. De lo contrario, no habría un equilibrio en tu hogar.

Pensarás que si ya acudes al trabajo no eres ama de casa, pero déjame que te cuente un poco más sobre Michelle Obama, esta mujer tremendamente admirable, ejemplo de superación y del secreto de su éxito.

Sí, adivinas bien, su mamá.

En su libro *Mi historia*, comenta cómo la base del hogar en el que ella creció era su madre.

Habla de una madre **ama de casa** que siempre tenía la casa pulcra y que nunca faltaba la buena comida.

Habla de una madre asertiva y empática que ante las dificultades no les pegaba de gritos ni mucho menos, sino que les escuchaba a ella y a su hermano atentamente y se dirigía a ellos de manera tranquila.

En palabras de **Michelle Obama,** ellos tenían una madre **"equilibrada",** ya que les permitía tomar responsabilidad de sus actos.

Como ves, trabajes o no, eres una de ellas, pero si eres de las que decide hacerlo a tiempo completo permíteme mostrarte nuevamente otra reflexión, esta vez vista desde el punto de vista de un hombre que vive con una ama de casa a tiempo completo.

Veamos esta reflexión anónima que detalla un poco el trabajo que tienen las amas de casa.

CONVERSACIÓN ENTRE UN ESPOSO (H) Y UN PSICÓLOGO (P):

P: ¿Qué hace para ganarse la vida, señor Rogers?

H: Yo trabajo como contador en un banco.

P: ¿Su esposa?

H: No trabaja. Ella es ama de casa.

P: ¿Quién hace el desayuno para su familia?

H: Mi esposa, ya que ella no trabaja.

P: ¿A qué hora por lo general se despierta su esposa?

H: Ella se despierta temprano porque tiene que organizarse antes de poder sentarse a desayunar: pone la mesa, organiza el almuerzo para los niños de la escuela, se asegura de que estén bien vestidos y peinados, si desayunaron, si se cepillaron los dientes y si llevan todos sus útiles escolares.

P: ¿Cómo van sus hijos a la escuela?

H: Mi mujer los lleva a la escuela, ya que ella no trabaja.

P: Después de llevar a sus hijos a la escuela, ¿qué hace ella?

H: Por lo general tarda en resolver algo en la calle, como el pago de facturas o hacer una parada en el supermercado. Una vez de vuelta a casa, debe tener a tiempo el almuerzo. Sirve la mesa, ordena la cocina y luego se encarga de la lavandería y la limpieza de la casa. Ya sabes cómo es eso.

P: Por la noche, después de regresar a casa desde la oficina, ¿qué haces?

H: Descanso, por supuesto, pues estoy cansado después de trabajar todo el día en el banco.

P: ¿Qué hace tu esposa en la noche?

H: Ella hace la cena, nos sirve a mis hijos y a mí, lava los platos y ordena una vez más la casa, después de ayudar a los niños a prepararse para dormir, dar leche caliente que les gusta beber, verificar que laven sus dientes...

Esta es la rutina diaria de muchas mujeres en todo el mundo, empieza por la mañana y continúa hasta altas horas de la noche... Esto se llama "no trabaja".

Ser ama de casa no tiene diplomas, pero cumple un papel clave en la vida familiar.

Y, aun así, hay quienes siguen preguntando: "¿Eres una mujer que trabaja o solo 'ama de casa'?".

Lo importante, sea cual sea tu decisión final, es que, si vas a ser profesionista, seas la mejor, y si vas a ser ama de casa, también.

Así que es de vital importancia que reconozcas el verdadero valor de ser ama de casa, ya que va mucho más allá de lo que puedes llegar a imaginar. Veamos más.

Anteriormente te comenté que la base del éxito de **Michelle Obama** fue su mamá, y ahora te explicaré más detalladamente por qué fue tan importante que su mamá fuera ama de casa.

Si bien es cierto, ser ama de casa está mal valorado ante nuestra adorada sociedad actual porque la gente enseguida se piensa que una mujer que se queda en casa hace lo que debería hacer por obligación, si es su obligación no tiene ningún mérito, por lo cual no se le reconoce.

Eso sí, cuidado con aquellas que no lo realicen como es debido, pues serán las primeras juzgadas, aquellas madres que se equivoquen en lo que la sociedad marca como correcto son crucificadas.

También es cierto que hoy en día incluso está mal visto ser ama de casa por no aportar económicamente al hogar, incluso son llamadas vulgarmente "mantenidas".

> Como ves, hagas lo que hagas no darás gusto a nadie, por ello date gusto a ti misma.

Ser ama de casa es mucho más importante incluso de lo que se puede llegar a pensar, ya que, de hacerlo mal, se puede descontrolar todo un hogar, pero, además, **existen muchas maneras de ser ama de casa.**

A continuación, te narraré una historia que me hizo valorar este trabajo desde muy pequeña.

LA MAMÁ DE LAURITA

Parece que fue ayer cuando jugaba en casa de una vecinita llamada "Laurita". La mamá de Laurita era ama de casa, y siempre que llegaba yo de visita veía asombrada cómo su casa estaba reluciente, tenían agua fresca cada día de diferentes frutas caseras, la comida era balanceada y deliciosa.

También veía cómo, si mi amiga Laurita tenía deberes, su mamá le ayudaba en lo que no entendía o le peinaba su larga cabellera con mucho cariño y sin prisa.

Para mí esto era como visitar un planeta totalmente diferente. Mis padres trabajaban casi todo el día, y casi no los veía. La mamá de Laurita se ofreció entonces a prepararme la comida cada día y de esta manera yo podría comer comida sana y en buena compañía.

Así pues, durante una época mi madre le daba una cantidad de dinero a la semana a la mamá de Laurita para que ella me hiciera la comida.

Fue para mí una de las mejores épocas de mi vida, comíamos todos en familia el papá de Laurita, su mamá, su tía, su primita y yo, hacíamos una sobremesa muy divertida y obviamente comía delicioso.

Definitivamente agradezco mucho a Dios esta oportunidad, sin embargo, entre Laurita y yo, seguramente ella disfrutaba el doble, pues sus padres eran los que estaban presentes, mientras que yo me tenía que conformar con platicarles a los míos por la noche lo bien que nos lo pasábamos.

Esta falta de tiempo con mis padres se reflejaba incluso en mis resultados académicos, ya que, a pesar de que nunca necesité esforzarme mucho para destacar en clase, había cosas que en verdad me estaban faltando.

Si yo, por ejemplo, tenía dudas, no podía consultarlo con nadie, si necesitaba un material para llevar al siguiente día, era yo misma la que iba sola a todas las papelerías, y muchas veces no tenía idea de si lo estaba haciendo bien.

Mi uniforme muchas veces, al ser tan pequeña, no recordaba lavarlo a tiempo, y tenía que lavarlo a altas horas de la noche yo sola, por suerte con ayuda de una lavadora. El tiempo que tenía para verlos era realmente limitado.

Al final de los cursos académicos esto se notaba mucho, pues mientras que los resultados académicos de Laurita eran excelentes, yo no aprobaba y tenía que esforzarme el doble estudiando perdida en los veranos con maestros particulares que me explicaran todas esas dudas que nadie me explicó durante el año.

Me costó el doble sacar adelante los estudios académicos, pero con orgullo puedo decir que, aunque con más dificultad, lo conseguí, pues, al final de cuentas, está demostrado que, si algo se te dificulta, con esfuerzo y dedicación se consigue.

¿Qué intento decirte con esto?

Pues que dedicar tiempo de calidad a tus hijos es necesario, igual que el dinero para comprar la comida.

Al igual que yo, muchos otros niños y niñas que vieron poco a su mamá salieron adelante, pero les cuesta el doble o triple que a uno que tuvo la dedicación necesaria.

Por ello, benditas sean esas mujeres que deciden ser amas de casa a tiempo completo, y benditas sean aquellas otras que, aun trabajando, lo hacen dejando ese **tiempo de calidad necesario** para ser ama de casa a la vez que se realizan profesionalmente.

Porque lo cierto es que no es necesario serlo a tiempo completo para lograrlo con éxito, ya que los niños acuden al colegio y esas horas tú puedes distribuirlas de la mejor manera para trabajar, estudiar o lo que te apetezca.

Regala a tu familia ese delicioso calor de hogar.

No es lo mismo que tu marido o tus hijos lleguen a un hogar armonioso donde ha estado la mano femenina haciendo maravillas, dejando ese toque de calor de hogar, y saber que cuentan con su mamá en todo momento.

En el caso de **Michelle Obama**, ella también comenta en su libro que, cuando aparecían dificultades en su colegio, su mamá acudía a hablar con los profesores y realizaba las gestiones necesarias.

Una mamá que no tiene ese tiempo libre no podrá hacer esto. Eso es indiscutible.

Por ello, cuando tomes la decisión sobre qué camino recorrerás, debes tener muy claros los **pros y contras**, ya que, tal como te dije al inicio, **no existe una verdad absoluta.**

Recuerda que los niños disfrutan mucho la compañía de otros miembros de la familia, pero ninguna les aporta más que la tuya y la de su papá. Piensa en todos aquellos niños que no tuvieron la oportunidad siquiera de conocerlos, no les niegues tú este regalo.

> **El mayor regalo que puedes darles a tus hijos es tu tiempo.**

Lo cierto es que hoy en día nuestra sociedad vive días cortos, tenemos las mismas horas que han tenido todos nuestros antepasados, pero no nos alcanzan. Dedicamos mucha parte de nuestros días a trabajar y al final de la jornada laboral solemos estar agotados y con ganas solo de dormir.

Por ello, muchos padres se valen de dejar a los niños jugar solos o con la tecnología para ellos desconectar de sus propias preocupaciones. El problema es que no estamos viendo que la mejor manera de desconectar sería jugando con ellos.

La vida es sabia y nos ha dado lo que en verdad necesitamos.

Se ven muchas madres quejarse de que el niño o la niña se pone a saltar o correr mientras le intentan vestir, mientras tiran el agua de la bañera se enfadan porque tendrán que limpiarlo más tarde y se pasan viendo todo de manera negativa, y eso les cansa más.

Si tan solo se dieran cuenta de que las están invitando a jugar, a olvidarse un momento de esa parte adulta, y les están diciendo "Mójate, salta, gritemos, cantemos, bailemos y olvídate", entonces verían cómo su hijo/a disfrutaría al máximo esos momentos con ellas y estarían más relajadas.

Nada es eterno, tan solo imagina que llegará ese día en el que las paredes de tu casa ya nadie las quiera rayar, el suelo nadie lo quiera mojar, se escuche solo un silencio porque ya no hay risas, gritos ni canciones.

El tiempo pasa volando. Un día deseaste y soñaste tener un bebé en brazos, anhelabas verle los ojos, tocarle, besarle, escuchar su voz, imaginarle te hacía la mujer más feliz. Ahora ya lo tienes en casa, qué emoción, qué bendición más grande, esta noche estará a tu lado para que le expliques un cuento mientras te dice "Te amo, mamá".

Demuéstrale tu amor hoy, mañana es tarde.

CAPÍTULO 6

SOY AMA DE CASA Y BRILLO CON LUZ PROPIA

Veamos entonces cómo debería actuar una ama de casa exitosa. Primero que nada, como ya hemos visto, es una gran oportunidad para poder dedicar más tiempo a mirar por los hijos, ayudarles con sus deberes, prepararles alimentos más sanos y ofrecerles al llegar a casa un hogar limpio y cálido.

Pero ojo, eso no quiere decir que detrás de ese trabajo debas olvidarte como persona.

Si has estado siguiendo los pasos hasta ahora, habrás visto ya en el segundo tomo de esta trilogía que la clave del éxito radica en gestionar tu tiempo y planificar.

¿Recuerdas el diario que realizamos? Yo te di un ejemplo y tú tenías que personalizarlo a tu vida real.

Pues para que seas una ama de casa totalmente exitosa deberás tener gran astucia para **planificar tus días** de manera que realices las tareas del hogar dentro de **un horario** concreto, cual trabajo fuera de casa, y la otra parte de las horas las dediques a encontrar ese equilibrio tan necesario, incluyendo actividades más encaminadas a tu autocrecimiento.

Cuando hablo de tu crecimiento, me refiero a actividades que siempre hayas anhelado, aquellas de acuerdo a tu propósito:

☆ Aprender idiomas.

☆ Aprender costura.

☆ Aprender cocina.

☆ Aprender informática si no eres muy buena en el tema.

Como ves, la idea es **APRENDER.**

Busca libros de tu interés, acude a algún curso. Se trata de que no te estanques y que te vayas expandiendo, logrando cosas que tú consideres que te pueden ser de utilidad.

La vida da muchas vueltas y los hijos tarde o temprano crecen y hacen su vida. Si no vas haciendo cosas para ti que te permitan crecer y evolucionar, un día despertarás y te darás cuenta de que vuelves a estar sola en casa y que las tareas del hogar han disminuido.

Es aquí cuando luego muchas madres, que ahora son suegras y abuelas, empiezan a pasarlo mal y a intentar tener siempre los hijos o nietos cerca porque, de lo contrario, no tienen nada más y sienten un gran vacío.

Esta es la etapa del **nido vacío**, por ello si tú has decidido que tu propósito no tiene nada que ver en el ámbito laboral por ahora, es respetable, pero debes realizarlo siendo consciente de que esto tendrá un fin, y que obviamente podrás seguir siendo ama de tu casa, pero tus hijos ya no te necesitarán como antes. Incluso esto lo podrás ver desde que inicien la adolescencia, en la cual te irán necesitando cada vez menos.

Y tú debes estar lista para enfrentarte a esta nueva etapa de tu vida. Si no has estado creciendo, corres riesgo de estancarte y querer seguir viviendo a través de la vida de los demás.

No lo permitas, vive tu vida.

Por muy pequeño que parezca tu sueño o anhelo podría ser el día de mañana muy útil. Si tienes la oportunidad de ser ama de casa, tienes la mayor bendición en tus manos.

¡Tienes **libertad** de tiempo!

El tiempo es lo más valioso que tenemos, pues en él se nos va la vida entera. Por ello, debes dedicar tu tiempo a todo aquello que creas importante y no dejarte nada a ser posible.

Siempre habrá algo que se pueda mejorar. Pero recuerda siempre escoger de manera que todos salgan ganando.

La clave para lograrlo es mantener una buena organización. Veamos cómo lo hacen las mamás más exitosas.

MOM CHECKLIST

Las amas de casa que brillan con luz propia crean su propia *checklist,* es decir, una lista de aquellas tareas que realizarán durante el día. De esta manera te asegurarás de que no se te escape nada.

Realizarla no solo te ayudará a recordar las prioridades del día, sino que además te otorgará una satisfacción enorme el momento de poner aquella palomita de "hecho".

Realízala a tu gusto, y no te dejes nada, apunta hasta las cosas que consideres que no olvidarías. Muchas veces recibimos alguna llamada, un mensaje, algo inesperado, que nos puede hacer olvidar lo aparentemente obvio. Anota todo.

Existen **mamás víctimas** que se pasan todo el día haciendo solo una cosa, y culpan al exceso de trabajo de no poder hacer más. Pero está demostrado que, si organizas y dedicas un poco de tiempo para diferentes cosas y buscas un equilibrio, no se hace tan pesado y te vas a dormir con una sonrisa de éxito.

ESTABLECE FECHAS

A aquellas cosas que no son de realizarse cada día, pero que se necesitan hacer, puedes ponerles fecha.

Ejemplos:

- ☆ Julio: mes de la limpieza general.
- ☆ Abril: mes de la jardinería.
- ☆ Septiembre: mes de revisiones médicas de los niños.
- ☆ Febrero: revisiones médicas de mamá…

Esto te permite estar mucho más pendiente de las necesidades.

¡Pero cuidado! No pretendas ser la única con una *checklist* en casa. Recordemos que a papá en casa también se le debe permitir colaborar.

Si eres ama de casa a tiempo completo es porque el que seguramente trabaja durante más horas es tu pareja. Por ello, un detalle de tu parte, que además te beneficia, será el de crearle tú misma una pequeña **checklist** especial para él.

DAD CHECKLIST

Así es, no será tan larga como la tuya por la poca disponibilidad horaria que tendrá, pero puedes hacerle una pequeña lista con aquellas cosas que en, la reunión de equipo, de la cual te hablé en el tomo dos de esta trilogía, él aceptó realizar.

Incluso puedes agregarle también sus cosas personales.

A él le ayudarás a acordarse de sus deberes, le harás sentir importante porque lo tienes en cuenta, le harás sentir amado porque lo cuidas y apoyas (ya que puedes incluso ponerle tareas como preparar cosas de su trabajo para su siguiente día).

Sobre todo, no olvides agregarle un momento de convivencia con los niños, así sea tan solo explicar un cuento muy breve. Ayúdale a darse cuenta de que también necesitan de él.

KIDS CHECKLIST

Esto lo recomiendan mucho en psicología para ayudar a los niños a crear hábitos sanos. Se trata de realizarles una lista con las cosas en las que ayudarán en la casa o sus deberes, pero obviamente debe ser sencilla y es aconsejable incluir pegatinas de colores o marcar las palomitas de hecho con rotuladores divertidos. De esta manera ellos encontrarán su recompensa en las pegatinas que llevan acumuladas.

No eres tú la única que se deberá organizar, pero sí que eres la **primera que los debe impulsar** a todo si quieres ver un cambio. Recuerda por ello iniciar por ti y dar el ejemplo siempre.

Eres una **mujer despierta** que sabe y reconoce su responsabilidad. Sabes de **tu poder azul clarificador mental,** que te permite saber que tus decisiones son las más acertadas, y no lo que opina el resto, y te respaldas en tu **poder lila de la fe,** el cual te llena de fortaleza para realizar los cambios que necesites hacer para llegar hacia donde se encuentran tus sueños.

Tú ya conoces **tu propósito de vida** y no vas a desperdiciar tus horas en un trabajo que no es lo que has venido a ser, ni vas a dejar nada fuera de tu plan de acción. De hacerlo, nada de lo que has aprendido hasta ahora funcionará.

Recuerda que este no es un libro para que lo leas en un rato de ocio, esto es una trilogía transformadora especial para las mamás que quieren brillar con luz propia, siendo felices y haciendo felices a sus hijos.

No puedes dar lo que no tienes.

LA MÁSCARA DE OXÍGENO

¿Has viajado alguna vez en avión?

Si tu respuesta es sí, seguramente sabrás que una de las indicaciones que nos dan antes de despegar es que en caso de accidente nos coloquemos una máscara de oxígeno. Sin embargo, al saber que, como mamá o papá, reaccionamos siempre primero queriendo proteger a nuestros hijos, nos dejan claro que la máscara nos la debemos colocar primero nosotros y luego a ellos.

Esto es porque, si tú no estás bien primero, difícilmente podrás ayudar a los demás a estarlo.

Así que recuerda que, si vas a ser una mamá ama de casa, deberás tener siempre lista tu máscara de oxígeno y colocártela primero.

Recuerda que siempre estás dando ejemplo a tus hijos en todas tus acciones, si les enseñas que te dedicas tiempo para cuidarte, ellos aprenderán que es importante amarse a uno mismo.

Tú sabes el camino que quieres seguir, y si dentro de él está el encontrar este **equilibrio** lo harás sin que nada te lo impida.

Nada es imposible, si tu actual trabajo no te permite realizarte, cámbialo, y no me digas que no es tan fácil. Es mucho más fácil de lo que piensas, las barreras y límites tan solo están dentro de ti.

Como ves, bajo mi punto de vista una mamá tan solo debería trabajar **media jornada**, así, de esta manera, podría realizarse en algo que le guste y al mismo tiempo brindar calidad a su familia entera.

Mi opinión es basada en lo que yo estoy viviendo, en la tranquilidad que tengo cuando veo que mi hija por lo que sea no puede acudir al colegio y no tengo que agobiarme por buscar quien me la cuide, por la satisfacción que me da poder ser yo misma quien la entrega en el colegio cada mañana sin prisas, pendiente de todo lo que le hace falta, por la tranquilidad que me da si esa noche no ha dormido bien y sé que podré dejarla recuperarse o llevarla al doctor si hace falta.

Por la satisfacción que siento cuando veo que realizo un trabajo que ayuda a otras personas, tanto en el Yoga como con mis libros, viendo a madres felices que me agradecen haberles hecho ver que la respuesta estaba dentro de ellas mismas.

Cuando veo que mi casa tiene un delicioso calor de hogar, fruto de cada detalle trabajado por mí. Cuando puedo recibir a mi marido feliz, contenta, regalándole mi mejor versión.

Me encuentra guapa, realizada, comparte conmigo los avances obtenidos en el día. Esto, querida lectora, sí tiene un precio. Nada en esta vida es a cambio de nada, no pretendas llevar una vida de cuento de hadas si no estás tú siendo la primera en dar lo mejor de ti.

Me hubiera encantado decirte que no se pagaba con nada, hubiera quedado maravillosamente, incluso cual poema romántico.

Sin embargo, desde un principio te prometí que sería sincera contigo, que no iba a regalarte las palabras dulces de la mejor amiga que te dice tan solo lo que quieres escuchar. Yo estoy aquí para decirte la verdad.

> Debes tomar acción, debes trabajar duro, debes cambiar hábitos. Debes tener el valor y la fe del poder lila de que todo estará bien y de que todo es perfecto. Por muy difícil que parezcan las pruebas, todo tiene su porqué, no importa que lo entiendas antes o más tarde.

Camina siempre con esa fe certera de que todo es perfecto.

Recuerda que dentro de ti tienes tu **poder azul clarificador mental,** que te guiará sin error alguno a saber lo que es mejor para ti y tu familia. Úsalo y no dudes.

Por eso, si es tu deseo un trabajo que te permita esta libertad de gestionar mejor tu tiempo, es posible. Tan solo es cuestión de que de verdad así lo desees.

> Tú sabes en el fondo que puedes, solo que muchas veces buscas excusas que te refuercen el hecho de mantenerte igual.

Estás a gusto en tu **zona de confort,** pero más a gusto estamos aquellas que salimos, nos pusimos incómodas y ahora saboreamos las mieles de la vida.

Definitivamente no está en discusión que detrás de unos hijos triunfadores hay unos padres dedicados, ojo con esto, **dedicados, no sacrificados.**

Recordemos que no se trata de que vivas la vida de tus hijos y dejes de lado la tuya. Debes vivir la tuya y, de esta forma, extiendes la bendición de tu felicidad a tus hijos.

Así que si tú eres el tipo de mujer que ha decidido ser ama de casa a tiempo completo, a pesar de mi consejo de **encontrar un equilibrio** entre una profesión y el papel de ama de casa, es totalmente respetable.

Como te dije al inicio, **nadie tiene la verdad absoluta**. Pero, entonces, debes ser consciente de que allá donde decidas caminar deberás hacerlo como ninguna más.

Así es, incluso como ama de casa a tiempo completo tú puedes llegar a brillar con luz propia, es decir, con la luz del éxito.

Si te fijas, te digo **también que puedes,** y no doy por sentado que ya lo estás haciendo. Recordemos que no todas las mujeres amas de casa están realmente dando sus pasos para el éxito.

Desgraciadamente, hay muchas mujeres que el hecho de ser amas de casa no lo usan a su favor ni al de su familia en general, sino que algunas, dejándose llevar por estereotipos antiguos, sienten que por ser mujeres los hombres tienen la obligación de mantenerlas, y este tiempo que tienen libre lo tiran totalmente a la basura.

Hacen lo mínimo porque creen equivocadamente que a eso vinieron al mundo.

Y no ven más allá de este trabajo tan importante, que es el ser el pilar de un hogar, pero, como decíamos antes, tomándose **el papel muy en serio**, preparándose debidamente para dar lo mejor de sí a los suyos.

Este tipo de **mamás víctimas** sufren una gran carga y frustración porque muchas de ellas quisieran que su entorno (esposo e hijos) les reconocieran su valor.

Pero no se dan cuenta de que **son ellas las primeras que deben reconocer lo mucho que valen**.

Son mujeres desempeñando el papel de mamá víctima, ya que se autonombran esclavas, sirvientas de su propia familia.

¿Te suena haberlo escuchado antes?

Ellas reconocen que su trabajo es importante para el éxito de su familia, y por ello lo hacen. Sin embargo, no buscan un equilibrio entre las tareas del hogar, el cuidado de los hijos y su propia vida.

Ellas dan por sentado que no pueden aspirar a más, esto no solo se les refleja en esas caras cansadas, en esos cuerpos poco fortalecidos, en esa amargura que se va volviendo una depresión a la larga porque dentro de ellas había mucho más para dar, pero no fueron capaces de verlo.

Y no es culpa de ellas, es culpa de no haber tenido un libro como este que les enseñara que las limitaciones están dentro de ellas mismas debido a una educación limitante durante años. Nadie ha estado ahí para decirles: "Tú puedes cambiar si así lo decides".

Estas madres víctimas confunden el "dedicarse" con "sacrificarse".

Porque una cosa es decidir por voluntad propia no salir fuera a trabajar y dedicar más tiempo a los hijos, el hogar y el crecimiento personal, teniendo una rutina con horarios establecidos y bien planificados hacia una ruta concreta, en la cual va tu propósito de vida. Si este es ser la mejor ama de casa del mundo, adelante.

Limpia tu hogar, prepara la comida, haz las compras y los recados, ve a buscar a los niños. Pero cultívate, ejercítate, descansa, lee, crea y brilla con luz propia.

Si crees firmemente en esta idea, sé tú quien demuestre al mundo todas las ventajas que esto tiene para ti y para los tuyos. Demuéstrale a todas las que no lo hacen todo lo que estás avanzando, tus beneficios como mujer y ama de casa.

Enséñales cómo te gestionas, lo mucho que avanzas, cómo te preparas para el futuro, cuando tus hijos ya no estén y tengas que cambiar por completo.

Compártelo, quizá dentro de tu propósito esté el dar una cara totalmente diferente a esta faceta de algunas mujeres, hasta ahora tan poco valorada por la sociedad.

Muestra a esas mamás víctimas que las amas de casa tienen mil beneficios e importancia y que no hace falta sacrificarse dando la vida a todos, dejando de lado la suya propia.

Esas mamás víctimas que creen solo poder realizar tareas del hogar, dándose de lado a ellas mismas, solo consiguen tener una vida miserable. Te lo garantizo, no existe nadie en este mundo que pueda llegar a sentir felicidad sin hacer su propia vida, tan solo acumularás muchas emociones negativas, pues te sentirás esclavizada.

Piensa en tu vida como si fueras un 100 %, este deberá estar repartido en nuestra vida, no disponemos de más. No pretendas dar un 100 % al hogar porque no estás dejando nada para ti misma. No tienes 200 % ni 300 %, tienes 100 %, y créeme que es más que suficiente si lo sabes repartir bien.

No dejes que la vida pase por encima de ti, pasa tú por encima de la vida.

Da el máximo esfuerzo en lo que tú crees, no permitas que nadie te haga dudar de tu fuerza interior. Todo en esta vida necesita un **equilibrio**.

¿Has escuchado eso de **"todo con medida, nada con exceso"**? Pues en la vida todo necesita ser equilibrado. El exceso de cualquier cosa no es sano.

MAMY POPPINS

Huye del victimismo sacrificado y sumérgete en las profundidades de tu propia vida, vuélvete una creadora de tu hogar, siéntete como si fueras **Mary Poppins,** convirtiendo tu hogar con mil colores mágicos.

- **Prepara las comidas (saludables):** Trata de preparar comidas saludables para que toda tu familia se sienta lo mejor posible, además de mantenerte saludable y fuerte. Así que no tienes excusas, dedica parte de tu tiempo para investigar más sobre **nutrición** y todo lo relacionado para brindar mejores nutrientes a ti y a tu familia.

- **Mantén la casa limpia y ordenada:** Haz todo lo posible para lograr que tu casa sea un lugar limpio y agradable para vivir. Tener una casa limpia puede reducir el estrés de todos y hacer que las cosas funcionen con mayor naturalidad.

- **Lava la ropa sucia y ordénala**: Mantener la ropa limpia y ordenada es nuevamente otra manera de reducir el estrés del hogar. Esto te ayudará a no perder tiempo preparando la ropa al último momento. Está demostrado que se pierde mucho tiempo si no tienes la ropa debidamente organizada, y el hecho de ver que se hace tarde para llevar a los niños al colegio o a tu marido para irse a trabajar y que no esté la ropa limpia y ordenada puede generar un estrés innecesario.

- **Ten un horario para cada actividad:** Esto es base durante toda la trilogía, seas ama de casa a tiempo completo o combinado con lo profesional. Será esencial que planifiques todo, de lo contrario, te podrás dejar cosas importantes y tu día no habrá finalizado con éxito. Recuerda que el éxito es relativo, y tan solo haber podido realizar todo tal cual lo habías planeado sin importar las circunstancias ya puede ser un gran éxito para ti.

- **Despiértate temprano:** Realizar las tareas del hogar no es tarea sencilla, existen siempre muchas cosas que hacer, incluidas las relacionadas con el cuidado de los hijos, claro. Recuerda que cuando ellos lleguen a casa debes ofrecerles tiempo de calidad, es decir, jugar con ellos, estudiar con ellos, ayudarles si aún lo necesitan en su higiene y preparación en casa. Por ello, es esencial que marques una rutina de buena mañana que te permita realizar el yoga que tanto te insisto que practiques o bien cualquier otro ejercicio o meditación, y obviamente tu arreglo personal. Muchas mujeres salen corriendo, no se lavan ni los dientes, y esto da muy mal aspecto. Recuerda que, aunque no vayas al mejor despacho del mundo a trabajar, hoy puede ser el último día de tu vida. Dime, ¿te gusta lo que ves y eres?

- **Crea un ambiente saludable y armonioso:** Todos en tu familia deberían volver a casa a un ambiente saludable, fortalecedor e inspirador. Haz todo lo posible para asegurarte de que las necesidades espirituales y emocionales de todos se cumplan, incluyendo las tuyas, para hacer de tu hogar el mejor hogar posible. Existen instrumentos de viento que crean una melodía relajante, especialmente yo en mi casa y en mis clases de yoga utilizo el Koshi, este maravilloso instrumento lo hacen a mano en Francia y existen con diferentes tipos de sonidos: de agua, de viento, de tierra y de fuego. Colocarlos en alguna parte de tu hogar o simplemente de vez en cuando hacerlos funcionar va de maravilla. A los niños les encanta su música y les gusta tocarlos, incluso a los bebés más pequeños les ayuda bastante a conciliar el sueño.

- **Incluye actividades para ti:** Aquellas encaminadas a tu propósito de vida, es momento de crear tu plan de acción.

- **Organiza actividades para tus hijos:** Prepárales manualidades, picnics al aire libre si hace buen tiempo. Puedes aprovechar tu tiempo para ir a talleres en los cuales te enseñen mucho más qué tipo de actividades son las más adecuadas para ellos.

- **No descuides tu pareja:** Recibe a tu compañero de vida como si fuera una cita romántica cada día, dile cuánto le amas, él también necesita escucharlo, abrázale y reconfórtale después de su jornada de trabajo. Recuerda: dar para recibir. Si deseas sentir que él valora tu esfuerzo en casa, muéstrale también tú cómo valoras su esfuerzo en el trabajo.

- **Considera tomar un empleo extra**: Hay muchos empleos en los que puedes **trabajar desde casa.** Esto te brindará una forma de contribuir con los demás ofreciendo un servicio o producto, también te permitirá realizar tu misión de vida.

¡Hay muchas opciones!

CAPÍTULO 7

SOY PROFESIONISTA Y BRILLO CON LUZ PROPIA

Ya hemos dejado clara la importancia de que encuentres el **equilibrio** necesario para dedicarte a crear la base de tu familia.

Así pues, veamos cómo puedes empezar a caminar hacia el éxito si lo que tu alma te pide es **triunfar profesionalmente**, si eres de esas mamás y mujeres que no se conforman con solo una parte y que quieren comerse todo el pastel.

Pues bien, primero que nada, ya debes tener tu **plan de acción** listo, lo has estado repasando y trabajando en él. Pero tú lo que quieres no es ser una profesionista más que sirve a cambio de un salario. Tú quieres salir al ruedo y sentir que estás de verdad ayudando a los demás con el servicio o producto que estás ofreciendo

Sin embargo, encontrar el equilibrio es relativo. Recuerda que cada día de tu vida es totalmente diferente. Cada día tenemos un aprendizaje nuevo que superar, y esto va haciendo que el equilibrio se vea alterado. Lo importante es que siempre hagas tu **máximo esfuerzo,** del cual te hablaré más detalladamente en las siguientes páginas.

Lo que debes tener claro es que tú quieres ese equilibrio y trabajarás por él de acuerdo a las situaciones que se presentan en el día.

Querer tener una perfección tan solo te llevaría a la frustración, y es que recordemos que somos seres **imperfectamente perfectos**.

Querer ser la mamá perfecta no es la solución, ni mucho menos mi intención es que quieras serlo.

Por ello, esta trilogía no va de ser una mamá o mujer perfecta. Eso no nos interesa. Tú eres una mujer con errores, de los cuales aprendes y te levantas cada día más fuerte.

El verdadero poder de las que somos superpoderosas nos lo da la capacidad de levantarnos y seguir caminando con fe certera, no importa la adversidad, nosotras seguimos fieles a nosotras mismas y a nuestras metas. Nada ni nadie nos hace cambiar el rumbo.

Las mamás superpoderosas son aquellas que saben lo que quieren y lo hacen posible sin excusas. En el camino nos caemos, nos tropezamos, saltamos barreras y mil obstáculos, pero llegamos.

Por ello, encuentra aquello que te apasiona en la vida, aquello que te hará sentir una mujer plena en todos los sentidos.

Has podido trazar ya tu ruta en un plan de acción exitoso que te indica los pasos que realmente te conducen hacia tu objetivo.

Si aún no lo has hecho, no sigas leyendo.

Vuelve a los capítulos "Tu propósito de vida" y "Plan de acción exitoso" y ponte a ello. Recuerda que es de gran importancia que tengas claro el "qué" y el "cómo" de tu propósito.

Todos soñamos alguna vez con convertirnos en alguien importante y reconocido. Quizá a ti te pasó mientras fuiste niña o cuando veías que ibas avanzando en tus estudios académicos. Da igual, todos sentimos dentro de nosotros que somos especiales y reconocemos que tenemos algo diferente que aportar.

Está demostrado que el hecho que la mujer trabaje ayuda al mundo. Cuando el número de mujeres ocupadas aumenta, las economías crecen. Según estudios efectuados en países de la OCDE y en algunos países no miembros, el aumento de la participación de las mujeres en el ámbito laboral produce un crecimiento económico más rápido.

A pesar de ello, la participación de las mujeres en el ámbito laboral sigue siendo desigual, así como es cierto el hecho de que la mayoría de mujeres ganan menos que los hombres mundialmente.

Esto se debe a diversos factores, que incluyen el hecho de que las mujeres se desempeñen como trabajadoras asalariadas y en trabajos familiares no remunerados, así como tienen más probabilidades de dedicarse a actividades de baja productividad y a trabajar en el sector informal.

Muchas mujeres que son madres luchan toda una vida para conseguir ser felices, pues para ellas el hecho de tener hijos y una familia feliz no les hace sentir plenas, pero son tan solo una minoría de todas ellas las que lo logran.

Pero, ¿por qué sucede esto?

¿Qué hace que una persona pueda cambiar el rumbo de su vida? ¿Cómo realmente manifestar el propósito de vida con grandeza?

Las madres que quieren realizarse profesionalmente, pero que al mismo tiempo reconocen la gran importancia de dedicar más tiempo para sus hijos y su hogar, continuamente se preguntan si podrán conseguirlo todo.

Un hogar limpio y cálido, unos hijos bien atendidos y triunfar en el mundo profesional.

ASUME RIESGOS

Si quieres en verdad tener éxito profesionalmente deberás seguir tu instinto y ser valiente para hacer aquello que el resto no se atreve a ser, quizá por miedo. Incluso tú también hasta ahora no lo has hecho por lo mismo, pero, si sientes miedo, hazlo con miedo, pero hazlo.

Permítele a tu propósito ser más fuerte que el miedo, atrévete a dar el paso sin miedo a lo que dirán los demás de ti.

Si en el camino caes, te levantas y sigues, y si alguien se atreve a decirte "Te lo dije", le das las gracias y continúas hasta que seas tú quien le diga "¿Ves? Lo sabía".

Enfócate en ejecutar aquello que quieres, equivocarse no es lo peligroso, lo peligroso es no aprender la lección. Los grandes éxitos en la vida están hechos así, por ensayo y error.

"Nunca hice nada por casualidad, ni ninguno de mis inventos llegaron por accidente; llegaron por el trabajo".

Thomas Alva Edison

Evita la indecisión. Ser indecisa es solo **fruto de la duda,** y si tú sabes cuál es tu verdadero propósito no debes tener dudas. Si ir en busca de tu propósito supone hacer cambios, incluido tu trabajo actual, hazlo. Cambia de empleo si hace falta. Solo así se crece profesionalmente.

Si quieres lo que muy pocas mujeres tienen, tienes que hacer lo que muy pocas mujeres hacen. La suerte no existe, pero sí hay un precio que pagar. ¿Estás dispuesta?

La insatisfacción laboral causa fatiga y estrés especialmente en las mujeres.

> **La vida es muy corta, dime cómo te gustaría ser recordada.**

A continuación, vamos a enumerar las diferentes características que una mamá superpoderosa y exitosa laboralmente debe tener.

1.-ADQUIERE EL HÁBITO DE LA LECTURA

El acto de leer con regularidad nos aporta grandes beneficios a nivel cognitivo.

Está demostrado que nuestro cerebro se asemeja a

un músculo, y si lo fortaleces diariamente tu inteligencia se verá favorecida.

Imagínate despertar cada día con mayor inteligencia. Si tan solo nos preocupáramos un poco más por nutrir las cosas que ya damos por sentadas, viviríamos mucho mejor, pues estaríamos permitiendo a nuestro cuerpo tan sabio darnos sus más grandes maravillas.

No existen personas más inteligentes que otras, solo existen personas que se esfuerzan más que otras. El hábito de leer nos ayudará cognitivamente a **mejorar nuestra memoria**, además, los libros son excelentes **reductores de estrés.**

Mucha gente piensa erróneamente que leer es cansado y que descansarán mucho más viendo un programa de televisión. Sin embargo, está demostrado que ver la televisión te altera mucho más, pues recibes muchos estímulos. Hoy en día, lo puedes comprobar con los niños y la tecnología, si hacen uso de ella antes de ir a dormir, muy difícilmente concilian el sueño.

Ver la televisión o el móvil para relajarte tan solo te provocará un efecto contrario engañoso y a la larga te perjudicará porque será tiempo de tu vida que no podrás recuperar, mientras que, si ese momento lo dedicas a leer, estarás invirtiendo tu tiempo de la mejor manera, pues sin importar el tipo de lectura que escojas estarás obteniendo beneficios cognitivos. Y si a eso le debes añadir ser acertada y escoger temas relacionados con tu crecimiento personal, o bien temas que puedan ayudarte en el camino de tu propósito. Un ejemplo, si quieres ser psicóloga, pues invierte en libros que hablen de psicología y temas relacionados.

Si lo que has decido es montar tu propia empresa relacionada con tu propósito de vida, tu restaurante, tu panadería, tu consultorio dental, médico, etc., lo que sea que has pensado emprender, adquiere libros relacionados y especiales para emprendedores. No tengas miedo a no entenderlos, si otros pueden, tú puedes.

Así que, como ves, leer te puede dar unas herramientas increíbles para tu futuro profesional y te aporta estimulación **cerebral** y aprendizaje continuo.

También es ideal para dormir por las noches, además, hacerlo antes de dormir te ayuda a crear un mayor impacto en tu subconsciente, ayudándote a que la información nueva pueda ser aceptada. Por ello, leer antes de dormir te ayuda a despertar con nuevas creencias.

¿Cuántos libros debo leer?

La gente con hábito de lectura lee una media de tres libros por año.

Eso no es suficiente para empaparte de conocimiento y volverte mucho más rápida de pensamiento.

Yo te recomiendo que leas unos tres libros por mes, como mínimo, y lo ideal sería unos cinco o seis al mes.

Si quieres lograr cosas impresionantes, esfuérzate impresionantemente.

Esto te abrirá nuevos horizontes y mejorará grandemente tu manera de enfrentar los obstáculos en el camino hacia tu propósito.

Recuerda que quien no sabe leer y escribir tampoco sabe hablar.

¿Has visto personas que intentan explicarse y no se les entiende nada?

¿Recuerdas el comediante mexicano Mario Moreno Cantinflas?

Su personaje de Cantinflas era casi siempre un hombre de ignorancia, pero gran corazón. Y su ignorancia siempre se veía reflejada en el hecho de que, cuando intentaba comunicarse, era imposible entenderle.

Si lo que deseas es tener éxito en una profesión y no sabes expresarte debidamente, no lograrás nunca conectar con la gente para hacerles llegar tu producto o servicio.

En nuestra actualidad, es muy fácil poder acceder a los libros, tanto virtuales como físicos.

Lo más recomendable es que los adquieras en físico.

Los libros en papel tienen un valor simbólico y ofrecen la seguridad de que nunca dejarán de funcionar, pero esas no son sus únicas ventajas.

Según diversos estudios científicos, la lectura de textos impresos nos permite concentrarnos más y recordar mejor lo que hemos leído. Al cerebro, además, le resulta más fácil elaborar mapas mentales al leer textos impresos que digitales, ya que puede obtener una idea de conjunto a través de los sentidos.

¡Todo son ventajas!

2.- ADQUIERE EL HÁBITO DE ESCRIBIR

El hábito de escribir es un gran clarificador mental, es decir, que con él trabajarás tu poder azul para que puedas tener ideas mucho más claras encaminadas a lo que necesitas.

Si te acostumbras a expresar habitualmente tus ideas, pensamientos, objetivos, etc., de manera escrita, conseguirás un sinfín de beneficios importantes:

- Mejoras tu comunicación.
- Reduces estrés.
- Te vuelves más productiva.
- Aprendes más la información.
- Ganas conciencia de tu realidad.
- Tomas decisiones más claras y rápidas.

Esto último es muy importante, pues recordemos que no tienes tiempo que perder, la vida pasa en un abrir y cerrar de ojos. Y si ahora mismo no tienes la vida que deseas, ¡debes actuar ya!

No importa si lo consigues en dos, tres o cinco años, los años pasarán de igual manera ante ti, y pueden pasar dejándote una tristeza infinita porque no lograste cumplir tus sueños, o podrás decir orgullosa: "Estos cinco años han pasado y me siento maravillosamente porque hago y vivo de lo que amo".

El diario de una mamá exitosa

Así que la idea es que empieces la escritura de tu propia vida. Para ello vamos a necesitar que adquieras una libreta muy linda, especial para escribir un diario. Nuevamente, usa tu creatividad para que sea de tu total agrado.

Y dedica un espacio de tu día para escribir aquello que ha llamado más tu atención: un aprendizaje, una alegría, una tristeza, una preocupación, una idea que realizar en el futuro, un recuerdo que te ha venido.

Escribe aquello que te nazca del corazón inmortalizar en tus memorias. Recuerda que es tan solo para ti, así que siéntete libre de poner lo que en verdad piensas.

Deja aflorar tus emociones durante esta escritura. Esto te ayudará también a no perder el hábito de escribir a mano. Hoy en día es muy rara ya la persona que escribe de una manera legible a mano. Con la llegada de la tecnología esto se está perdiendo, sin embargo, recordemos que la escritura es parte de nuestra psicomotricidad fina, por lo cual, perder este hábito nos hace perder también sus beneficios cognitivos.

Aparte de que es algo que puede ser perfectamente tu momento favorito del día, también te servirá para **autoanalizarte**, pues de esta manera podrás **conocerte a ti misma** un poco más.

Así que no esperes más y consigue ese diario ahora mismo.

Quiero ver mamás superpoderosas brillando con luz propia, así que, cuando adquieras tu diario, hazme un favor: tómate una foto con él y publícala en tus redes sociales con el *hashtag* **#losuperpoderesmbcp y escribe "MAMÁ BRILLA CON LUZ PROPIA Y TIENE UNA HISTORIA QUE CONTAR".**

Me dará mucho gusto verte triunfando en la cima del éxito.

3.-BUSCA

Buscar en todo el significado de la palabra. Las personas que quieran un cambio no deben dejar de buscar hasta encontrar.

¿Quieres un nuevo trabajo? Busca ofertas de trabajo que vayan con lo que tú quieres iniciar. ¿Quieres abrir un negocio? Busca información sobre cómo abrir ese negocio.

¿Te hacen falta contactos? Busca las personas indicadas para lo que quieres. Busca y encontrarás. Recuerda que la fe de tu poder lila te acompaña.

4.-CREA TU LISTA DE INTERESES

Esta lista debes realizarla con tus intereses, y es para que, aun sabiendo tu propósito, puedas seleccionar el trabajo que más te permitirá acercarte a él, ya que quizá tu propósito es sanar a las personas, y eso no quiere decir que la única manera de realizarlo sea siendo doctora. Hay muchas maneras de ayudar a sanar a la gente. Por esto, para poder seleccionar con mayor precisión el tipo de trabajo que quieres iniciar, será mejor que lo hagas teniendo en cuenta tus intereses propios.

Un ejemplo sería:

- Me gusta ayudar.
- Me gusta trabajar con niños.
- Me gusta trabajar al aire libre.
- Me gusta realizar actividades.
- Me gusta explicar cosas.

Debes tener en cuenta el tiempo que dispones para el tipo de trabajo. Recuerda que, por muy difícil que parezca compaginar tu horario habitual con tu trabajo, no es imposible.

Si de verdad quieres, puedes.

Aún recuerdo cuando decidí dar clases de yoga para niños y niñas, la mayoría de los horarios no eran compatibles con el mío, pues muchos suponían empezar a trabajar a la hora de ir a buscar a mi niña.

Sin embargo, opté por despertar mi poder lila y confiar, tuve fe en que si las cosas eran para mí se acomodarían. Y el milagro apareció.

Se abrieron clases justo en un horario que no me afectaba. Y si no hubiera pasado, no me hubiera preocupado, pues cuando actúas desde la fe no dudas. Sabes que lo que por derecho te pertenece llegará a ti.

5.-CREA LISTA DE GASTOS

Ahora mismo estarás ya muy agobiada pensando en cómo lograrás tanta organización en tu vida. Pues eso, lo lograrás empezando a organizarte.

Yo era la persona más desorganizada que existía, sin embargo, llegó el momento en el que, gracias a la lectura, descubrí que el universo tiene un orden. La desorganización solo trae consigo un caos.

Si realizar todo este trabajo se te hace cansado, tan solo imagina que estuvieras ya cerca del día de tu muerte. Mira hacia atrás, ¿de verdad te vas a ir con una sonrisa? ¿De verdad lo que has hecho hasta ahora te ha llevado hasta donde querías? ¿Eres feliz? Ser feliz solo depende de ti, pero si no eres una mujer plena muy difícilmente podrás trabajar este estado de ánimo, pues la frustración y el estrés no te permitirán tener un instante para lograrlo.

No existe mayor **MATA SUEÑOS** que **la PEREZA.** Así que sacúdetela y ponte manos a la obra.

Si vas a ser una mujer exitosa lo serás en todo, porque así lo has decidido y porque eso es lo que quieres.

Así que ponte manos a la obra y crea una lista, primero, de tus gastos actuales, apúntalo todo, como, por ejemplo:

- Seguro de salud
- Peluquería
- Alimentos
- *Gym*

Intenta descubrir aquellos gastos innecesarios, como, por ejemplo:

- Plataformas de series
- Membresías innecesarias
- Cine
- Comidas en restaurante

Tan solo son un ejemplo de gastos que quizá ahora no te convenga tener.

Tú eres la que sabe cuáles sí y cuáles no. Contesta con sinceridad.

Ahora analiza cuánto dinero ahorrarías si los redujeras y mira cuánto puedes ir aportando a tu nuevo proyecto.

6.- FÓRMATE

En esta formación busca profesionales en el ámbito que quieres triunfar. Si, por ejemplo, para crear tu lista de gastos o del dinero inicial que necesitas para tu proyecto no tienes gran idea, puedes buscar profesionales que te puedan orientar mucho mejor.

Invierte en mentores, está demostrado que las personas más millonarias de la historia han tenido uno o más mentores en su vida.

Y es que el resto de personas tan solo saben cómo seguir siendo una persona más del montón. Si lo que quieres es, en realidad, tener un gran impacto triunfando como profesional, debes invertir en ti.

Recuerda que no es cuestión de talento, es cuestión de trabajo.

Tienes cuarenta o cincuenta años y hay una carrera que te gusta mucho más que tu actual carrera, pero supones que ya eres lo suficiente mayor.

Inscríbete sin miedo en esa carrera, hoy en día hay muchas universidades abiertas incluso *online*, ya la edad no es ningún obstáculo.

Atrás ha quedado esa idea absurda de que para estudiar había una edad idónea.

"Nunca es demasiado tarde para ser lo que debías haber sido".

George Eliot

CASOS DE ÉXITO DE VETERANOS

Existen muchos **casos de éxito** después de los cuarenta o cincuenta años. Veamos.

- El coronel Sanders inició KFC a los sesenta y cinco años.

- Benjamin Franklin firmó la Declaración de Independencia a los setenta años.

- Christopher Plummer ganó su Óscar a los ochenta y dos años.

- Diana Nyad nadó de Cuba a Florida a los sesenta y cuatro años.

- Gladys Burrill corrió una maratón a los noventa y dos años.

- La Abuela Moses empezó a pintar a los setenta y seis años.

- John Glenn fue al espacio a los setenta y siete años.

- John Pemberton inventó la Coca-Cola a los cincuenta y cinco años.

- Momofuku Ando inventó la sopa Ramen instantánea a la edad de sesenta y ún años.

- Nelson Mandela fue elegido Presidente de Sudáfrica a los setenta y cinco años.

- Oscar Swahn obtuvo una medalla olímpica a los setenta y dos años.

- Ray Kroc fundó McDonald's System Inc. a los cincuenta y dos años.

- Ronald Reagan entró a la política a los cincuenta y cinco años.

- La Dra. Ruth consiguió su primer programa de charla sexual a la edad de cincuenta y dos años.

- Theodor Mommsen recibió el Premio Nobel de la Paz en Literatura a los ochenta y cinco años.

Como ves, la lista es interminable. Ahora dime, ¿cuál es tu excusa?

En la actualidad estudio la carrera de psicología en una universidad abierta, pues me gusta y me encantaría terminarla. Me da igual si, cuando me gradúe, físicamente me pareceré al personaje interpretado por el actor Robin Williams en la película *Jack*, en la cual fue a su graduación ya hecho un anciano.

No tendría el menor reparo. Si eso me hará morirme con una sonrisa, lo haría las veces que fuera necesario. Ahora me dirás: "Pero, Diany, qué cruel, hablas mucho de la muerte".

En efecto, no estoy aquí para decirte cosas lindas, la realidad es que todos nos vamos a morir, unos antes y otros después. Sin embargo, no todos lo haremos de la misma manera.

Los seres humanos intentamos vivir la vida negando la muerte. Queremos pensar que eso no nos pasará, y nos engañamos a tal grado que dejamos muchas cosas en espera, como si tuviéramos el tiempo que queramos garantizado.

"La muerte es una vida vivida, la vida es una muerte que viene".

Jorge Luis Borges

Pero eso, querida lectora, no es así.

Abre los ojos y sal ahí en busca de tus sueños, ellos te están esperando.

CAPÍTULO 8

GANA DINERO Y DESPUÉS SÉ FELIZ

Seguramente me estarás diciendo: "¡Eso es lo que quiero!".

Y no lo dudo, todos queremos mucho dinero, y el que lo niega está mintiendo. El dinero es una gran bendición en nuestras vidas. Con el dinero obtenemos una mayor libertad. A mí me gusta mucho el dinero, ¿y a ti?

No seas hipócrita. No me vengas con que hay cosas más importantes en la vida. Está demostrado que lo más importante de la vida son la salud, el amor y el dinero. ¿Has escuchado la frase de "mientras la salud no falte, lo demás es lo de menos"?

Pero esta frase, como muchas otras, tan solo viene de un sistema de creencias mediocre en el cual habita la escasez.

Seamos realistas. Hoy en día, ¿quiénes son las personas que más pueden mantener su salud? En efecto, las que más dinero tienen. El dinero es una gran bendición, pues nos da la libertad para realizar aquello que queremos y nos ayuda a mantenernos sanos.

Por supuesto que hasta en el amor influye, pues, ¿tú con quién prefieres estar como pareja? ¿Con una persona que ves que no sale adelante económicamente y que se queja continuamente de su mala suerte económica o con una persona con la vida económica resuelta y que, en lugar de llenarte de quejas, te va a dar seguridad?

Creo que sé la respuesta. Sin embargo, durante años las religiones se han encargado de relacionar el dinero con algo negativo, obviamente negativo para ti, creyente, y muy bueno para los que la predican.

¿Entiendes ahora?

A todos nos gusta el dinero, es mucho más espiritual de lo que se nos ha hecho pensar.

Las religiones se han encargado de relacionar la espiritualidad con pobreza para su propio beneficio, pero eso está muy alejado de la realidad.

¿Cuántas personas pobres hay en el mundo creyendo que los ricos son malos? ¡Millones!

Esos pensamientos son los responsables de que ahora mismo sean personas pobres económicamente.

Veamos qué tipo de pensamientos podrías tener que puedan estar bloqueando la entrada a una buena economía en tu vida.

Podrías estar peleado con el dinero y no saberlo si tus pensamientos se asemejan a:

> ➤ El dinero es sucio.
>
> ➤ Los ricos son malas personas.
>
> ➤ El dinero es el demonio.
>
> ➤ El dinero corrompe a las personas.
>
> ➤ El dinero no crece en los árboles.
>
> ➤ El dinero cuesta mucho ganarlo...

Conclusión: si tus pensamientos son afines a lo antes descrito, ya puedes olvidarte de ser rica.

Pero tranquila, porque no todo está perdido, trabaja en cambiar estas creencias, de manera que el dinero llegue a ti en cantidades infinitas. No es fácil, pero nuevamente es cuestión de que te decidas y empieces.

Recuerda que si lo que has estado haciendo hasta ahora no te ha dado los frutos que querías, seguirlo haciendo no te dará frutos diferentes.

En palabras de niños de primaria, si plantas un árbol de manzanas no esperarás recibir peras, ¿verdad?

Por más que pienses que estás haciendo todo para que llegue a tu vida, si dentro de tu sistema de creencias te han programado con un sentido negativo hacia esto, tu subconsciente lo rechazará.

Más adelante te hablaré con más detalle sobre el poder del subconsciente, y esto va más allá de cuestiones psicológicas o la ley de la atracción, que, dicho sea de paso, funciona. Es una ley y como cualquiera está funcionando siempre ante ti, lo quieras o no.

Así que, primero que nada, debes tener dinero, solo con el dinero crearás esa libertad para poder organizar tu vida totalmente en función de tu misión de vida.

Tal como te he dicho antes, el dinero es espiritual, pero para que sea totalmente espiritual debes ser honesta.

Nuevamente te repito, ¿has encontrado ya tu propósito de vida?

Si no es así, ahora te daré el mayor motivo para que te pongas manos a la obra, porque si no te dedicas a tu propósito de vida será imposible que puedas volverte millonaria.

Si tú trabajas realmente en lo que es tu propósito de vida, ofrecerás lo mejor de ti a los demás y crearás productos o servicios **desde el alma y el corazón.** ¿Conoces algo más espiritual que eso?

En consecuencia, aportarás **un gran valor** a muchas personas, estas personas recibirán tus productos o servicios desde el corazón y crecerán, se desarrollarán y estarán deseando darte algo a cambio, y ese algo es (¡BINGO!) su dinero.

Esto es una **transacción espiritual**, de corazón a corazón y de alma a alma, en la que ambas partes salen beneficiadas.

EJERCICIO DINERO ESPIRITUAL

Realiza las siguientes afirmaciones cada día sin excepción. Llevas mucho tiempo ya albergando tus creencias antiguas, así que necesitas darle una buena enjabonada a ese sistema de creencias y que salga todo aquello que está bloqueando la entrada del dinero.

El ejercicio consiste en **salir a caminar o a correr** una media hora todos los días y, mientras lo haces, repetir estas afirmaciones:

> ➤ El dinero llega a mí en cantidades abundantes.

> ➤ Millones de euros llegan hacia mí en todas sus formas.

> ➤ Maravillosas puertas de abundancia se abren siempre ante mí.

> ➤ El dinero llega a mí sin esfuerzo.

Recuerda usar tu creatividad y añade sentimiento. Si, por ejemplo, deseas ganar cinco mil euros al mes, decrétalo: "Cada mes recibo cinco mil euros sin esfuerzo".

Escríbelos en un papel para que tengas claro lo que decretarás. Además, de esta manera estarás aumentando las probabilidades de que se manifieste más rápido, ya que puedes leerlo, antes de irte a caminar o correr, visualizar eso como tuyo y agradecer.

Y, posteriormente, irte a correr y repetir las afirmaciones si estás al aire libre en voz alta, o, si te da vergüenza porque hay personas, repítelo en tu mente.

Deja volar tus deseos. Pide como aquel que está delante de la lámpara maravillosa.

Más adelante, en el capítulo del despertar del poder lila, te hablaré con más detalle sobre el **poder de la palabra hablada**.

Va mucho más allá de lo que la gente se piensa. Las afirmaciones son poderosas, no porque sean positivas, servirían de igual manera si fueran negativas. Mientras repitas una cosa, la desees o no, lo estás creando para ti.

Ahora veamos qué más necesitas hacer para aumentar tu economía y éxito profesional.

INVIERTE DINERO

Una manera de aumentar tu éxito profesional, así como la entrada del dinero en tu vida en cantidades abundantes, es el hecho de dar. Recuerda que hay que dar para recibir.

Muchas personas hoy en día se enferman por el consumo de alimentos insanos, invierten dinero en comprar esas cosas que les dañan, pero lo hacen porque les sale mucho mejor de precio comprar alimentos adulterados y de mala calidad que los que tienen más calidad.

La gente se engaña pensando: "Es lo mismo, tan solo es la marca", y no ve que el precio tan bajo le está avisando de la calidad tan baja con la que ha sido producido, y eso es lo que consumirá.

Como consecuencia se enferman.

Pues el mismo efecto tendrá tu proyecto si no inviertes el dinero que haga falta para dar la mejor calidad a tu cliente.

Recibirás en proporción de lo que ofrezcas.

Te pondré un ejemplo, existen muchos libros dedicados a las madres con un precio inferior a cada uno de mis libros de esta primera trilogía.

Sin embargo, al comprarlo descubres que tan solo es la misma información que ya habías escuchado y no te aportan ningún beneficio. Lo sé por experiencia, he leído muchos libros sobre maternidad, y todo se repite. Nadie hasta ahora había invertido lo que yo he hecho en el tema.

Yo me he formado con cursos de casi seis mil euros y me he leído hasta el momento casi quinientos libros sobre todo lo que te estoy resumiendo en tan solo tres libros. Y lo que es mejor, he aplicado todo lo que te aconsejo y puedo demostrar con hechos su efectividad.

Y no solo eso, muchas personas te venden un libro y no les interesa en absoluto si te ha funcionado o no. Yo te ofrezco un seguimiento, a través de mis redes sociales estaré pendiente de ti en todo momento.

Mientras que día con día voy aplicando todo lo que te estoy enseñando, me sigo formando e intento darte siempre la mejor calidad, porque para mí, querida lectora, tú eres importante.

Eres mamá, tú tienes el poder de formar personas exitosas de bien o todo lo contrario.

Yo te estoy ofreciendo una manera de transformarte desde dentro para que tú tengas las herramientas necesarias para buscar soluciones por ti misma a todo lo que te encuentres en el sendero de la maternidad, teniendo en cuenta tu esencia de mujer y sin dejar de lado tu propósito de vida.

El valor que yo te estoy aportando con estos libros vale mucho más, y por ello el universo me lo regresa con gran abundancia.

¿Ves ahora cómo funciona?

Por ello, si tú quieres de verdad triunfar en aquello que tu alma te dicta, compra los libros que hagan falta, acude a las formaciones que tengas que ir, contrata a los mejores en aquello que necesitas.

Recuerda que debes dar para recibir.

Y, sobre todo, no olvides no perder nunca el sentido de tu propósito. En el camino pueden llegar muchas invitaciones a desviarte de tu propósito inicial, y muchas personas por ambición cometen el error de saltarse sus propios valores por llegar aparentemente más rápido. Pero eso significa poner en riesgo una de las cosas más preciadas para ti, tu propósito es tu creación, es el valor que aportarás tú a esta vida. Pregúntate primero si en verdad vale la pena dañarlo por los sueños y valores de alguien más.

Las empresas más exitosas del mundo entero son aquellas socialmente responsables, aquellas que aportan un gran valor. Porque empresa que no tiene alma no tiene éxito.

Debes poner el talento que Dios, el universo, la fuente inagotable de amor, te otorgó solo a ti, al servicio de la humanidad. Y el universo es agradecido, él te devolverá el favor con éxito en tu misión.

¿Ves la espiritualidad presente?

"Dar es lo que abre la puerta para recibir".

Florence Scovel Shinn

Pues bien, ahora ya tienes herramientas para ir a por tus sueños y conquistarlos.

Tan solo depende de ti conseguir llevar tu vida a un nivel superior del que has estado viviendo hasta ahora. Todo lo que te he estado mostrando funciona de verdad, pero deberás despertar tu poder lila para tener una fe inquebrantable y no dejar de dar ni un solo paso hasta verlo manifestado.

Muchas mujeres lo intentan, pero al mínimo obstáculo se detienen y vuelven a sus antiguos hábitos de victimismo, por los cuales cargan la culpa a los hijos de no poder realizarse plenamente. Van contándose a sí mismas la historia de que ellas no tienen ayuda, que si su situación fuera diferente, que si nada más las cosas cambiaran, que si son madres solteras, que si en el país en el que viven no hay oportunidades... todo son solo excusas para no actuar.

Nací en México y vivo en Cataluña, España. Estos dos países en los que me he formado no son precisamente grandes ejemplos por sus gobiernos, y esto no me ha detenido para sacar lo mejor de ambas culturas. El país y la situación en la que está son perfectos.

Aún recuerdo que, justo cuando llegué a Europa, se iniciaba una "crisis" económica que solo afectó a todos aquellos que se lo creyeron. Yo, en cambio, sabía que si había llegado aquí en aquel momento debería ser por algo muy importante.

Entonces la respuesta apareció ante mí "leyendo", como me suelen aparecer las respuestas.

> *"La crisis es la mejor bendición que puede sucederle a personas y países, porque la crisis trae progresos. La creatividad nace de la angustia como el día nace de la noche oscura. Es en la crisis que nace la inventiva, los descubrimientos y las grandes estrategias. Quien supera la crisis se supera a sí mismo sin quedar 'superado".*
>
> Albert Einstein

Entonces lo tuve claro, la vida me estaba pidiendo ser **creativa.** La vida me estaba avisando de que esta era mi oportunidad para ser mi mejor versión, para realizar aquello que nadie más estaba haciendo hasta ahora. Y así lo hice.

Esa etapa pasó y afectó tan solo a aquellos que asumieron la crisis como suya, aquellos que se dejaron etiquetar y que no vieron la oportunidad detrás de la dificultad.

Por eso, querida lectora, espero que tomes acción y vayas en busca de lo que por derecho te pertenece.

No me cansaré de repetir que, si me dirijo a ti, que eres mamá, es porque somos las que más solemos dejar de lado nuestro crecimiento personal, pensando que ya es suficiente con atender a nuestros hijos. Sin embargo, tal como te he explicado, si no eres feliz, ni tus hijos ni nadie cercano a ti lo será.

CAPÍTULO 9

PRIORIDADES DE LA MAMÁ PROFESIONISTA

Las prioridades de la mamá profesionista son aquellas que tú realizarás y que ningún otro trabajador más hará, a menos que sea mamá.

TUS HUEVOS DE ORO

Antes de analizar tus principales prioridades como profesionista, debes de tener muy claro quiénes son **tus huevos de oro**. Tus huevos de oro son las personas más valiosas e importantes para ti. Partiendo de tus huevos de oro tú podrás tener claro qué cosas son intocables en tu vida y qué cosas no les puede faltar nunca a tus huevos de oro.

Te daré un ejemplo de huevos de oro:

⭐ Tus hijos

⭐ Tu esposo

⭐ Tus padres

Estoy segura de que ya has podido detectar a tus propios **huevos de oro**. Pues bien, estos huevos de oro necesitan un cuidado y atenciones innegociables, por lo cual, antes de iniciar cualquier tipo de actividad laboral, es importante que tú sepas las principales necesidades de tus huevos de oro, y que partiendo de ellas realices tu propia **lista de prioridades** que bajo ningún concepto estarás dispuesta a negociar.

Llámese vacaciones en familia, visitas al doctor...

Esos huevos de oro, adultos, esposo, padres, abuelos, etc., necesitarán mucho menos atención en este sentido, sin embargo, hay huevos de oro que necesitarán la mayor parte de atención de tu parte, es decir, **tus hijos.**

Como madre, debes tener en cuenta las necesidades de tus hijos, y estas necesidades debes cubrirlas para que tus huevos de oro se mantengan a salvo.

Una mamá superpoderosa sabe que no importa ningún trabajo más que sus hijos. Por ello, te mostraré esos momentos que, si no los has vivido aún, te sucederán y que debes tener en cuenta para que no te tomen por sorpresa:

- Horario del colegio, entrada y salida.

- Berrinches que se alargan y pueden hacerte llegar muy tarde al trabajo.

- Emergencias como llamadas del colegio, en las cuales debes salir corriendo porque ellos son lo primero.

- Presentaciones del colegio, festividades y cosas que no puedes ni debes perderte.

- Tiempo para ayudar en los deberes en caso de que lo necesiten.

- Tiempo para comprar materiales escolares (hoy en día las compras *online* lo facilitan).

- Tiempo para preparar comidas saludables.

- Tiempo, tiempo y tiempo.

ORGANÍZATE. Recuerda que tu éxito dependerá de lo bien que logres planificarte.

Todas estas necesidades de tus huevos de oro las podrás ir apuntando en tu **mom checklist,** de manera que puedas ir cumpliendo con cada una de ellas de la mejor forma posible.

Repasa tus prioridades y ponte manos a la obra en busca de esa profesión que te permitirá realizarlo todo.

EXIGE TUS CONDICIONES

Así que lo ideal es que, antes de iniciar un trabajo, expongas con confianza y seguridad tus prioridades y **exijas las condiciones más convenientes** para ti y tu familia.

Necesitas tener un margen para lograr administrar tu tiempo con éxito, si no lo ves claro no aceptes por miedo a no lograr tener otro puesto de trabajo. El miedo tan solo es un mecanismo de defensa que intenta protegerte debido a todas tus creencias, sin embargo, es el principal causante de que no hayas logrado conseguir el éxito aún.

Así es que, si el trabajo que tienes en mente no reúne las condiciones que requieres para ese tiempo de calidad tan necesario para ti y los tuyos, no lo aceptes. Las mamás triunfadoras exigen sus necesidades seguras de sí mismas y tienen muy claras las ideas.

Deja claro que no son negociables. No tengas miedo de no ser contratada, si eres una mujer realmente válida para el trabajo lo aceptarán.

Recuerda siempre que el equilibrio lo haces tú día a día en esos momentos en los que te enfrentas a una prueba con éxito.

Ser mamá y profesionista jamás será igual, hay cosas diferentes que tú deberás tener en cuenta y que el resto no. Pero eso no es excusa para dejar de hacerlo. La realidad es que, decidas lo que decidas, la vida de igual manera encontrará la forma de hacerte ver que necesitas avanzar.

Así que, si temes enfrentarte a hacer valer tus prioridades en el trabajo por miedo a perderlo, estás empezando mal. Recordemos que el miedo tan solo es una respuesta a lo que nuestra mente relaciona como peligroso.

Pero hacer valer tus prioridades en tu trabajo, lejos de peligroso, es beneficioso, pues una vez te das cuenta de que no había nada que temer y que todos somos humanos y actuamos como tal, el miedo se esfuma.

No eres una máquina ni mucho menos, eres un ser humano y eres mujer, quien contrata a una mujer sabe que eso requerirá especiales permisos el día que decide ser mamá.

Si no existieran trabajos en los que esto se entiende no existiría ninguna madre profesionista, ¿no crees?

Hay cosas que definitivamente no están en discusión, y si te tienes que salir a media reunión del trabajo porque tu hijo/a te necesita, no lo dudes. Si estás dentro de un trabajo que no lo valora, huye de él.

Aunque hoy en día somos más las mujeres que, antes de iniciar un trabajo, dejamos claras nuestras prioridades, y si no lo has hecho, hazlo. Por ello, debes saber primero cuáles son tus prioridades.

Yo no digo que seas una persona irresponsable, tan solo quiero hacerte ver que no debes sentir inseguridad ni agobio si necesitas un momento del día o un permiso para llevar a tus hijos al doctor.

Muchas mujeres no se atreven ni a pedir permiso, cuando la realidad es que se lo hubieran dado, pero suponen muchas cosas que tan solo les hacen daño, y de la **suposición** también hablaremos más adelante.

Recuerda siempre actuar a favor de tus valores, nunca te equivocarás.

Aunque tu profesión fuera la de cantante, que requiere exceso de horas invertidas, ya ves lo que decía Shakira, ella seguía dando espacio a sus prioridades.

Te lo recuerdo porque el hecho de ver tus prioridades como mamá puede volverte a hacer caer en el **rol de mamá víctima**. En ese rol te has sentido cómoda toda tu vida. A la primera provocación te metes en él sin reparo alguno, y enseguida salen a relucir tus pensamientos antiguos: "No tengo tiempo", "¿Quién llevará a los niños?", "No tengo coche", "No sé conducir", "No existe un trabajo flexible"…

La realidad es que ese trabajo perfecto existe y te está esperando.

Hasta las mujeres que trabajan en lugares muy importantes y exclusivos lo hacen, casadas o divorciadas. No importa si son la única fuente de ingresos en su familia.

Cuando una mujer sabe que su trabajo es excepcional y cumple cada día, debe tener la seguridad plena de exigir sus derechos como madre. Te sorprenderías si supieras la cantidad de mujeres que salen corriendo de empresas importantes por una llamada del colegio de sus hijos. Ellas saben que más les dolería no haber estado con los hijos en ese momento que cualquier otra cosa.

Ten seguridad, ten confianza en ti y en tus hijos, porque muchas veces no nos atrevemos a llevar a cabo un trabajo porque suponemos que los niños nos necesitarán, cuando la realidad es que ese tiempo sin nosotras también les es muy enriquecedor, pues les aporta seguridad en sí mismos.

Y, al final de cuentas, estamos educando hijos y el día de mañana queremos que sean seguros y confiados para que vayan y se coman el mundo entero si así lo quieren.

Recuerda que ellos están haciendo su vida, se están formando, necesitan tu amor, pero no necesitan tu vida entera.

Ellos quieren que tú tengas tu vida, e incluso es curioso, pero son mucho más agradecidos y exitosos esos hijos que vieron a su mamá triunfar y dicen: "Soy todo lo que soy por mi madre, siempre la vi luchar y trabajar, y eso aprendí de ella".

Nada que ver con los que dicen: "Solo vi a una mamá callada, entregada y sacrificada". Incluso estas personas crecen inconscientemente con un sentido de culpabilidad que no es real, pues creen que por culpa de ellos su madre no se realizó, se creen el cuento de que ella no tenía más opción que dedicarse a la maternidad.

Los sentimientos negativos solo crean cosas indeseables, no seas tú creadora de ellos.

Hereda ejemplo y triunfarás como mamá.

Te he estado hablando de la posibilidad de compaginar tu actual trabajo con tus prioridades de mamá.

Pero, a pesar de esto, lo que de verdad deberías lograr es crear tu propio negocio o empresa. Si tú creas un servicio o producto encaminado a tu propósito de vida llevas mucha más ventaja para triunfar.

Será mucho más duro al principio, ya que conlleva más responsabilidad, sin embargo, recuerda que entre más aportas más recibes.

Si eres empleada, ganas como empleada, eso está claro. Y no digo que serlo sea malo, de hecho, ser empleado es una manera de aprender el oficio, de coger experiencia en ciertos ámbitos, además de que todas las empresas necesitan los talentos y cualidades de un buen empleado.

Pero yo, querida lectora, sé que tú eres mamá y necesitas crear tus propios horarios a tu favor.

Por ello, lo ideal sería que tomes el valor de emprender en aquello que te apasiona, de esta manera serás tú la que lleve las riendas de tu vida. No existe nada más valioso en esta vida que la libertad de poder elegir.

EL GENIO DE LA LÁMPARA

Existen muchas metáforas hechas con esta increíble historia, pero esta vez he creado para ti esta metáfora especial, para que puedas darte cuenta de lo que puedes estarte perdiendo si no asumes el riesgo y emprendes.

¿Recuerdas la historia de Aladino y la lámpara maravillosa?

La historia relata cómo un chico encuentra una lámpara, dentro de la cual habita un genio lleno de poderes, capaz de concederle a aquel que frote la lámpara todos sus sueños. Sin embargo, la mayoría se centra tan solo en la fascinante posición de Aladino, el cual tiene la libertad de escoger sus deseos. Todos sueñan con ser Aladino y encontrar un genio que les conceda sus deseos.

Pero, detrás de la historia de Aladino, se encuentra un genio lleno de superpoderes fantásticos, aunque vive atrapado dentro de una lámpara y está a disposición de lo que Aladino le dicte y mande, a pesar de que él es mucho más poderoso que Aladino.

El genio tan solo desea su libertad.

Ahora analicemos la historia basados en un empleado/a de una empresa muy prestigiosa y deslumbrante, como aquella lámpara maravillosa.

Dentro de la lámpara (empresa prestigiada) vive el genio (empleado/a), que posee muchos poderes (talentos y habilidades), sin embargo, se ve limitado por la esclavitud de estar al mando de alguien más (Aladino = jefes), que le impone su horario y lo que debe hacer dentro de su reluciente empresa (lámpara maravillosa).

Así que, querida lectora, si tu idea es trabajar para alguien más serás como aquel genio atrapado en su lámpara, y aun teniendo una gran capacidad de realizar mil cosas extraordinarias por ti misma, no tendrás esa libertad para crear en pro de tu propósito, libertad para crear ese horario que te permitirá dar lo mejor de ti.

No tengas miedo, recuerda que una mamá superpoderosa camina con fe certera.

No seas como ese genio atrapado, libérate.

"Tan absurdo y fugaz es nuestro paso por el mundo, que solo me deja tranquila el saber que he sido auténtica. Que he logrado ser lo más parecida a mí que he podido".

Frida Kahlo

MAMÁ EMPRENDEDORA

La maternidad y emprender son como combinar dos deportes extremos, están llenos de retos, incertidumbre y satisfacciones.

A pesar de eso, hay mujeres que combinan ambas actividades y luchan cada día para encontrar el equilibrio, dando el máximo esfuerzo. Estas mujeres son conocidas como ***mompreneurs***.

Tal como te comenté anteriormente, las empresas de hoy en día ya tienen en cuenta los permisos que necesitarás tener para atender tu profesión y tu papel de mamá. Sin embargo, también es cierto que hay muchas otras empresas con normas que no son aptas para mujeres que son madres.

Tal es el caso de Heike Söns, una comunicóloga de profesión que en el 2013 se enteró de que estaba esperando un bebé. El anuncio de su embarazo a sus jefes provocó que perdiera su trabajo.

Por ello, al nacer su hija, Heike decidió comenzar su negocio propio para seguir trabajando sin perderse la oportunidad de ser una gran mamá.

Se asoció con Olga Schiaffino, también comunicóloga y mamá de dos niños, quien operaba una agencia de coordinación de eventos corporativos.

En el 2017, este par de emprendedoras abrieron "Momzilla", un portal dirigido a mamás en el que pueden encontrar un directorio de servicios (su segunda fuente de ingresos), un blog con contenido relacionado a la maternidad y, próximamente, una tienda en línea.

Las mamás que son emprendedoras como Heike tienen, en su mayoría, entre veintitrés y cuarenta años. Los negocios que suelen emprender son de este tipo: *coaching*, terapias, actividades *gourmet*, redes de mercadeo y multinivel, gestorías, agencias de *marketing*, manejo de redes, etc., por la flexibilidad inherente que les permite tener mayor control de sus negocios y familia, e incluso operar desde casa.

Como ves, los límites tan solo te los pones tú. Si Heike en su momento hubiera decidido quedarse tan solo como ama de casa, es altamente respetable, pero hubiera sido su oportunidad de caer incluso en el papel de mamá víctima y decir que las mujeres que son madres no tienen futuro laboral.

Pero, como ves, ella tenía claro que no vino al mundo a ser una más del montón ni a ver su vida pasar. Ella quiso ser la protagonista y guionista de su propia vida. Así que se creó una nueva forma de generar ingresos económicos y, como puedes ver, con ayuda de otra gran mujer que al igual que ella es madre.

Quiero que veas y analices la mentalidad de una mujer y madre que brilla con luz propia.

EL GRAN DESPERTAR

Muchas mujeres piensan que, una vez se han convertido en madres, han logrado transcender en este mundo terrenal. Pero se les olvida que la trascendencia va mucho más alá de dejar descendencia, trascender es hacer la diferencia. Hay mamás víctimas que piensan que con la llegada de los hijos ha llegado el final de su vida como mujeres, y, sin embargo, tan solo están llegando al principio.

La maternidad marca el inicio de una nueva vida, la maternidad es una gran oportunidad para volver a empezar.

Para la mujer la maternidad supone un despertar. Muchas describen el inicio como una rotura que luego les permite volverse a construir. Entonces cada pieza la van colocando en el lugar indicado, con mucha paciencia y mimo.

La maternidad les ha venido a mostrar la gran fortaleza que yacía dentro de ellas todo este tiempo sin darse cuenta.

Radica aquí el nacimiento de una nueva mujer capaz de cuidar de alguien que ama con un amor nuevo y mágico, y asimismo encuentra dentro de este amor el más grande motivo para luchar con uñas y dientes.

Usa tu despertar para crear, expándete, ábrete a nuevas oportunidades. Es ahora cuando la vida apenas se inicia para ti como madre y mujer de éxito.

Y siguiendo con esas prioridades que han nacido con esta nueva vida, debes tener en cuenta que en tus manos están tus sueños y están sus sueños.

Veamos con mayor detalle la importancia de separarlos y respetar ambos.

APOYA LOS SUEÑOS DE TUS HIJOS

Cuando eras pequeña, ¿qué querías ser de grande?

Muchos niños y niñas desde pequeños lo tienen muy claro, sin embargo, hay padres que no le dan la importancia a los sueños de sus hijos como es debido. Muchos porque están muy ocupados trabajando durante muchas horas sin encontrar ese balance tan necesario, otros porque simplemente creen que son demasiado pequeños para saber en verdad qué es lo que quieren.

Anteriormente ya te dejé claro que debes encontrar tu propia misión de vida y no debes vivir la vida de tus hijos, pero eso no implica hacer como que la vida de ellos no existiera.

Hay mucha diferencia entre no querer imponerles la vida que te hubiera gustado vivir y no escucharles y apoyarles en la medida de lo posible.

Es tu deber apoyarles.

Lo que debes lograr es que el equilibrio esté en todas tus áreas, y parte de ser una gran mamá superpoderosa está en saber guiar a tus hijos en su camino. Ellos han confiado en ti desde antes de nacer, no les defraudes.

La infancia es la etapa de la vida en la que los seres humanos sabemos con claridad nuestro propósito. Aún no estamos contaminados con las creencias limitantes de los adultos que nos rodean.

Detrás de estos sueños de niños se encuentra la realidad de su misión de vida.

Tan solo pon atención a cualquier película de la vida real de alguna persona famosa.

¿Qué o quiénes están detrás de su éxito? Los padres, la familia.

Luis Miguel, el cantante, no sería quien es sin todo lo que su padre luchó para lograr volverlo una gran estrella, ahora con su serie televisiva pudimos muchos observar que el señor no lo hizo de una manera correcta, pues más bien parecía explotar al niño para su beneficio y no estarle apoyando con su sueño de una manera respetuosa. Sin embargo, de buena o mala manera, hoy en día Luis Miguel expresa en sus entrevistas dedicarse a lo que ama, y eso es gracias a sus padres, porque cabe destacar que la mamá también estuvo detrás muchos años apoyándole. Lo mismo ocurre con Michelle Obama, que ha expresado que, sin el apoyo de sus padres, no hubiera sido una mujer de éxito, y con Shakira, que comenta que desde la adolescencia su padre y madre se tomaron en serio los sueños de ella y le ayudaban a formar su carrera artística.

Los fallecidos Selena y Ritchie Valens también triunfaron en el mundo de la música gracias al apoyo familiar.

Todos ellos tenían claro desde niños hacia dónde iban, y no hubo adultos transmitiéndoles creencias limitantes que les cortaran totalmente las alas.

Por ello, es importante que pongas atención a los sueños de tus hijos y les apoyes. Recuerda que eres su guía y apoyo.

Oriéntale sobre cómo debe actuar para lograr sus sueños. Si ves en el camino peligros, avísale, pero no por ello le hagas cambiar de dirección. Ellos tienen su propio destino.

Uno de los comentarios de Michelle Obama en su libro fue que sus padres les daban todo a ella y a su hermano. No importaba el tipo de sacrificio que supusiera, sobre todo en cuanto a educación se refería. Las palabras de Michelle Obama en su libro fueron: **"Nosotros éramos su inversión".**

¿Se equivocaron sus padres? Tan solo mira quién es ella y quién es él. Craig Malcolm Robinson es entrenador de baloncesto de la universidad estadounidense, ejecutivo de baloncesto y locutor.

Cabe destacar que, según palabras de su hermana, desde niño el baloncesto fue su más grande pasión.

Es decir, que ambos son profesionales en su verdadera misión de vida, por ello brillan como estrellas.

Ellos siguieron su propósito y lucharon por llevarlo a cabo.

Pero el destino de estos chicos jamás hubiera sido el mismo sin esa base sólida familiar.

Como ves, lo que debes conseguir es que tú vueles muy alto realizándote y al mismo tiempo que esa plenitud tuya te sirva para ayudar a tus hijos en su propio vuelo.

NO LOS ETIQUETES

Dentro de tus prioridades debes priorizar darles una buena educación.

Esto va más allá de llevarlos a buenos colegios, que, dicho sea de paso, si tienes la oportunidad de hacerlo, hazlo.

Ya en el primer tomo te hablé de la importancia de la educación a grandes rasgos.

Pero a lo que me refiero esta vez es al hecho de no caer en etiquetas. Los seres humanos somos muy dados a etiquetarlo todo, sin embargo, etiquetar la conducta de nuestros hijos puede llegar a ser muy perjudicial.

Tal como te he explicado todo este tiempo, el poder de la palabra hablada es muy fuerte, y con estas etiquetas puedes estarle creando toda una personalidad de por vida.

Y es que las personas solemos sacar conclusiones muy a la ligera sin pensar antes en la repercusión que esto pueda causar. Es muy común hoy en día que a las madres lo primero que se nos venga a la mente sea buscar en Google el comportamiento de nuestros hijos.

Sobre todo, cuando esto nos empieza a alterar porque se nos está escapando de las manos. Entonces, empiezan a desplegarse, como por arte de magia, un sinfín de artículos y blogs, todos ellos con una enorme etiqueta, tú escoges la etiqueta que mejor describe la situación y listo.

En menos de cinco minutos has adjudicado a tu hijo/a una etiqueta que implica un rol determinado. Las más comunes son las llamadas "crisis de los...". ¿Te suena?

Esto es típico de las mamás víctimas, van en busca de algo que las haga sentir identificadas dentro de su victimismo, y lo logran.

Buscan este material que hay por Internet y se encuentran con una lista interminable de "crisis".

La crisis de los dos años, la de los tres, la de los cuatro... Incluso existe la crisis de los cuarenta años... ¿Tú te imaginas si tienes que estar toda la vida de tu hijo/a etiquetándolo/a como si viviera una crisis?

Analizan cada actitud a ver si es que coincide, y como encuentren una similitud respiran tranquilas porque, según ellas, han encontrado "la causa".

Entonces etiquetan a su hijo, lo etiquetan incluso delante de todos sus conocidos, pues no dejan de repetir una y otra vez: **"Está en la crisis número tal"**.

El pobre niño/a lo asume y no te defraudará. Pero eso no soluciona nada, pues la única manera de que vivas armoniosamente cada etapa de tu hijo/a está en ti.

Debes reconocer que los seres humanos somos muy complejos, todos sin excepción pasamos por todas estas etapas y cada uno de nosotros reaccionamos de diferente manera de acuerdo a nuestras características.

Si tú eres una madre que no lo etiqueta y que está fuerte y feliz en todos los sentidos, tendrás la suficiente capacidad para enfrentarte a cada situación con tu hijo/a.

Créeme, la solución está en ti, el niño/a tan solo es eso, una personita pequeña que no sabe gestionar aún sus emociones, pero es que, al tanto, porque tú, si no trabajas en ello, tampoco lo sabrás hacer.

Por eso es tan importante que aprendas a **despertar tu poder lila,** y te lo mostraré en las siguientes páginas.

Aquí está la respuesta de por qué no dediqué estos tres libros en mil ideas creativas para ayudarte a resolver berrinches. Porque no existe una fórmula mágica que vuelva a tus hijos perfectos, pero sí existen métodos y técnicas altamente efectivas, como las que yo te muestro, para que tú puedas crear cada momento especial.

Te sorprenderás cuando descubras que tan solo cambiándote a ti misma lo cambias todo.

Tan solo imagina que usualmente, cuando llevas al colegio a tus hijos, hay padres de familia que se conocen entre ellos y se saludan, tú, en cambio, te limitas a llevar a tu hijo y te vas a prisa, suponiendo que nadie quiere hablar contigo, y es para ti un momento breve pero incómodo, pues te sientes como fuera de lugar.

Un buen día vas y les sonríes, conversas con ellos, entonces descubres gente amable que cada día te vuelve a saludar, y vas creando que esos momentos se repitan.

¿Lo ves?

Todo depende de ti, por muy amargada que pueda estar la otra persona, si tú le sonríes, te dará una sonrisa por respuesta.

Lo mismo pasa con los niños que son tan espirituales, a ellos no les puedes engañar.

Si tienes un día malo, ellos lo notan y enseguida les bajas la vibración, puedes sin darte cuenta ser tú la causante de una rabieta (estado de impaciencia y enfado), pues estas muchas veces aparecen cuando los niños se sienten confundidos. Si lo analizas detenidamente, verás que, si tú le estás transmitiendo tu estrés, enfado, tristeza o cualquier emoción negativa inconscientemente, es normal que reaccione de esta manera.

Es muy sabido que los bebés, si escuchan a otros bebés llorar, reaccionan de una manera empática llorando también. Si un hijo/a ve a su mamá mal, por mucho que tú le quieras engañar, el niño/a percibe tu verdadera energía. Por esto esta trilogía va dirigida a ti, para trabajar contigo de raíz.

Solo transformándote tú podrás ver tu mundo brillar.

En el siguiente capítulo del despertar del poder lila te mostraré con mayor profundidad cómo funciona todo esto y cómo está en tus manos y en las de nadie más educar a tu hijo/a dentro de una crianza feliz y armoniosa.

CAPÍTULO 10

DESPERTANDO EL PODER LILA

Ya hemos hablado de la importancia de la fe en nuestras vidas, ya que nos ayuda a tener la fuerza necesaria para dar pasos firmes hacia nuestros objetivos.

Los superpoderes anteriores los he siempre definido como poderes que pueden **activarse y potenciarse**.

El lila, en cambio, es un poder que al igual que los anteriores yace dentro de ti, pero al ser tu parte más espiritual prefiero que lo veas como algo que está dormido en tu interior, tan solo tienes que despertarlo y dejarlo salir a flote para regalarte todo su poder.

Este poder va más allá de orar, meditar, rezar, hacer yoga o cualquier tipo de conexión que podemos llegar a establecer con nuestra divinidad.

El poder lila estaría muy relacionado con el poder rosa que nos enseña a ser empáticos a través del amor y la responsabilidad de nuestros actos.

La diferencia es que, con el lila, más que aplicar la empatía, aprenderemos a ser mejores personas porque tendremos mucha más información sobre las consecuencias de cada uno de nuestros actos. Esto es de gran importancia, pues hay millones de personas en el mundo que creen que todo lo que hacen es "bueno" y se sienten desafortunados por no sentirse en el cielo.

¿Recuerdas cuando eras pequeña y te decían: "Las personas que se portan mal se van al infierno y las que se portan bien se van al cielo"? Tú esto te lo has creído y el no sentirte disfrutando del mismísimo paraíso te hace muchas veces pensar que eres muy desgraciada, porque por más que te esfuerzas no notas esa recompensa divina de la que tanto te hablaron.

Muchas personas entonces tienden a "portarse mal", es decir, a realizar todo aquello que no les beneficia porque, al fin y al cabo, creen que la recompensa divina tan anhelada es una mentira y prefieren imponer su propia ley en este mundo terrenal.

Yo no soy Dios ni mucho menos, pero sí me considero hija de él y entiendo que me ha creado a su imagen y semejanza, por lo cual entiendo que me ha otorgado la gracia de crear los mismos milagros que él puede crear (y no es mi intención volverte religiosa).

Tan solo quiero que te des cuenta de que lo que es innegable es que quien sea que tú creas que nos ha creado tiene un poder infinito y te lo ha otorgado. Tú eres capaz de crear maravillas en tu vida y lo estás haciendo.

El problema es que las personas no conocen su poder lila, no se acercan a su parte espiritual y niegan sus poderes internos.

Lo que te mostraré en las siguientes páginas es una información que te ayudará a abrir los ojos y darte cuenta de qué tan poderosa eres y de todo lo que has estado construyendo.

Pero, sobre todo, te diré la manera en la que lo has estado haciendo y lo haces, pues aquí radica el problema.

La gente lo hace de manera inconsciente, por ello lo hacen muchas veces en su contra, pues desconocen el poder que se esconde detrás de ellos mismos.

Por ello, querida lectora, compartiré contigo cada detalle de tu poder lila espiritual, dentro del cual está la fe, que es esencial para todo en nuestra vida.

ABRIENDO LAS PUERTAS A LA SABIDURÍA

"Se escoge solo una vez. Elegimos ser guerreros o ser hombres corrientes. No existe una segunda oportunidad. No sobre esta Tierra".

El camino del Tolteca

Como bien sabes, soy de origen mexicano, por lo cual siento una enorme debilidad por estudiar las diferentes culturas que existieron en el pasado, sobre todo, aquellas que con el paso de los años han trascendido por sus grandes aportes al mundo.

Y dentro de mis investigaciones descubrí la gran sabiduría de la tradición Tolteca, y es a partir de sus grandes enseñanzas como te mostraré a **despertar tu poder lila.**

Recordemos que todo inicia con la fe, sin embargo, para tener fe en que las cosas cambiarán también es importante conocernos a nosotros mismos en mayor profundidad, ya que, si no sabemos el poder que tenemos y cómo lo usamos, muy difícilmente lo podremos usar a nuestro favor.

Estas enseñanzas que te mostraré no son **ningún secreto,** sino que están al alcance de todos en diferentes libros, uno de los más actuales y conocidos es el que realizó **Don Miguel Ruiz:** *Los cuatro acuerdos.*

Y es que dentro de estos "acuerdos" de los que nos hablan los Toltecas se encuentra no solo una gran sabiduría, sino casi una fórmula mágica para lograr una mayor comprensión sobre lo que en realidad sucede.

Quiero compartir contigo lo que yo he aprendido de esta admirable cultura que ha dejado un legado tan importante que ha llegado a nuestra época y que estoy segura de que cada vez tomará más fuerza, pues estamos viviendo un momento de un gran despertar colectivo.

Es para mí una misión de vida y un gran compromiso que he adquirido el colaborar con este despertar de consciencia, sobre todo en las mujeres, que somos lo más parecido al amor, y sobre la manera en la que tú puedes aplicarlo como madre, como mujer, porque nosotras tenemos el don de dar vida, pero también junto con este don adquirimos el deber y la responsabilidad de hacerlo bien.

Se cuenta que los habitantes del pueblo de Tolteca fueron reconocidos como los mayores representantes de **vivir en equilibrio** y de representar con exactitud los antiguos saberes.

Como ves, la búsqueda del equilibrio en nuestras vidas no es nueva, así como tampoco es nuevo el hecho de que es necesaria para llevar una vida más plena.

La **tradición tolteca** decía que para alcanzar el **equilibrio** es necesario hacer una **recapitulación de nuestras vidas** que implique romper los **acuerdos** basados en los dogmas universales.

Veamos qué quiere decir "dogma". "Dogma" es dar por válidos, y no dudar de ellos, algunos principios enseñados, por lo cual no se da lugar a réplica.

Esto es muy importante, pues estaríamos hablando de que las creencias universales que marcan qué está bien y qué está mal nosotros las aprendemos desde pequeños y las aceptamos como válidas en nuestro sistema de creencias.

En resumen, que somos un resultado de todo lo que nos han enseñado, de todos los que intervinieron en nuestra educación, y, a su vez, ellos fueron enseñados de la misma manera por sus antepasados y nos transmitieron todo esto.

Pero analicemos un poco el cómo consiguieron transmitirnos estas creencias, y aquí vas a descubrir uno de tus principales y más potentes poderes, con el cual deberás tener mucho cuidado, y desde ya te digo que lo usas todo el tiempo y no precisamente a tu favor.

EL PODER DE LA PALABRA

Somos seres creadores y creamos con nuestros pensamientos, estos, a su vez, los expresamos con el verbo, es decir, nuestros pensamientos hablados.

Cuando hablamos, cada palabra transmite a todos los que están y no presentes, incluida tú, un poder más grande de lo que podrías imaginar.

Son millones los libros y las personas que afirman que usar las palabras más bonitas y positivas nos ayudan. Sin embargo, nadie explica el porqué de esto.

La gente se queda muy tranquila aceptando que es muy lógico que si tienes pensamientos y realizas afirmaciones positivas, como son agradables y bonitas, puedan influir en nuestro estado de ánimo.

Sin embargo, la cultura tolteca conocía este poder y la raíz de este. Ellos aceptaban la idea de que expresando con nuestras palabras creamos lo que queremos, pero también nos advertían de que es muy peligroso si lo que sale no es tan bonito, pues no solo nos afectaba a nosotros, sino que con **nuestras palabras** podríamos estar **condenando** a una persona a ser como nosotros la estábamos percibiendo.

Esto es de gran importancia que como madre lo tengas muy interiorizado, pues cualquier palabra mal usada dentro de tu sendero de la maternidad podría condenar a tus hijos a una vida desgraciada.

Me basaré en la manera en la que Don Miguel Ruiz lo explica en su libro *Los cuatro acuerdos* solo para mostrarte brevemente por qué sucede esto.

Él en su libro nos explica que, cuando tú expresas una palabra, sea positiva o negativa, la persona receptora de este mensaje realiza un acuerdo contigo subconsciente, ya que no te lo dirá tal cual, pero acepta lo que tú le dices, y entonces empieza a tener actitudes de acuerdo a esto.

Ahora quiero darte un ejemplo. Muchas madres, cuando sus hijos se portan mal, les dicen: "Eres malo". Pues bien, el niño o la niña lo acepta inconscientemente y empezará a tener un comportamiento más "malo". El problema de esto es que existen palabras que pueden desgraciar la vida de las personas.

Imagina tú que tu hijo tenía como propósito ser un gran pintor y va y te pinta la pared de tu casa, tú estás furiosa porque deberás volver a pintar la pared y no analizas siquiera su arte. Le dices inmediatamente: "No vuelvas a pintar", "Los niños buenos no pintan", "Qué horrible lo que has hecho en la pared", por darte algunos ejemplos.

Ese niño entonces asume que pinta horrible y que los niños buenos como él no pintan. Jamás en su vida volverá a pintar a menos que vuelva a establecer un nuevo acuerdo si se vuelve a presentar una situación en la que tenga que pintar forzosamente y entonces alguien le diga: "Oye, pero qué bien se te da pintar", "Deberías ser pintor".

Así es que la primera manera que debes aprender para usar tu poder lila a favor tuyo y de toda tu familia es cuidar de tu vocabulario.

BIBIDI BABIDI BU, PALABRAS CON MAGIA

Los toltecas comparaban esto, según *El libro los cuatro acuerdos*, con hacer **magia.** Es decir, que cada vez que tú le dices algo a alguien tiras un hechizo bueno o malo a través de tus palabras y, por lo cual, estamos todos constantemente hechizándonos los unos a los otros, asumiendo todo el tiempo que somos lo que nos dicen.

Así que, como ves, estaríamos cual hada madrina de la Cenicienta, haciendo magia con todo lo que decimos.

Ahora mismo quizá estés analizando un poco tu vocabulario, el de tus padres, el de todo tu entorno, y eso está muy bien.

Piensa en todas aquellas palabras que has recibido durante tu vida que hayan podido marcarte y hacerte cambiar el rumbo.

EJERCICIO PODER LILA CANCELANDO

Anota todas aquellas palabras que consideres que puedan ser la raíz de tus limitaciones.

¿En qué te han dicho que no eres buena? ¿Quién ha sido? ¿Cómo es la vida de esa persona? ¿Tiene éxito?

¿Qué cosa te hubiera gustado hacer o ser, pero alguien te dijo que tú no podías?

A continuación, anota las palabras que usualmente escuchabas en tu casa, cómo te decían tu mamá y papá cariñosamente.

¿Cómo te decían cuando estaban enfadados?

Estas palabras son incluso más importantes porque fueron dichas con enojo y puedes haber **establecido un trato** de ser de esta determinada manera hasta el día de hoy, y no eres consciente.

Una vez hayas creado esta lista, realiza una nueva lista de las palabras que te decían tus padres que coinciden con las que en la actualidad les dices a tus hijos, tanto en momentos de alegría como de tensión.

Y nuevamente realiza una lista. Ahora escribe las palabras que serían las más adecuadas de utilizar en vez de esas, por ejemplo:

Te equivocas y siempre te sueles decir: "Ay, qué tonta". Pues cámbiala por: "Oh, no", "Vaya", "Bueno, la próxima vez lo hago mejor seguro", "Buf, no pasa nada".

A continuación, vamos a crear magia al más puro estilo tolteca como buena mamá superpoderosa.

Repite la palabra que quieras empezar a eliminar para deshacerte de ese trato o acuerdo, y seguidamente expresa:

"CANCELO todo significado que para mí haya podido tener hasta el día de hoy. Lo **CANCELO".**

CANCELADO, CANCELADO, CANCELADO

A continuación, pronuncia la palabra nueva que escogiste en la lista de palabras más idóneas.

Hazlo así con cada una y verás cómo sentirás como si te quitaras de encima dos grandes rocas que ibas cargando sin necesidad alguna.

Recuerda que somos seres humanos de hábitos, así que no te extrañe cuando te veas cayendo nuevamente en estos errores. Por ello, es importante que seas audaz para detectarlo, y enseguida lo cancelas.

Por ejemplo, te sorprendes diciéndote a ti misma: "Seguro que llego tarde y no encuentro estacionamiento". De pronto, te das cuenta de que ya está dicho y te das cuenta de que has decretado en tu contra. Has lanzado un hechizo con todo su poder divino para que esto se lleve a cabo. Pues tú rápidamente dirás "cancelado" tres veces. Y vuelve a decretar, esta vez, procurando que lo que dices sea a tu favor.

Lo mismo con tus hijos. En el segundo tomo de esta trilogía has podido ver que te hablé de la importancia de que cuides tu vocabulario para dar un buen ejemplo y para no estar atrayendo cosas negativas a tu vida.

Ahora con tu poder lila entenderás que es mucho más importante qué palabras agradables decir ante los demás y que la palabra lleva un poder con el que puedes bendecir o maldecir.

Así que si te sorprendes diciéndole a tu hijo/a "qué feo cantas", inmediatamente **DESPIERTA** tu poder lila, repite **"CANCELADO"** tres veces y corrige tu comentario.

Imagina que tu mente es un ordenador y que el hecho de cancelar te permite hacer un reinicio. Así pues, tienes la oportunidad de volver a dar las órdenes y ejecutar de manera más beneficiosa.

Este tipo de ejercicios son simplemente para ayudarte a que crees un nuevo hábito, llegará el momento en que no necesitarás trabajar tanto para conseguirlo, pero lo verdaderamente importante es que lo intentes todas las veces que sean necesarias.

MAMÁ DUERME EXITOSA

¿Te has fijado en que la mayoría de las personas basan su éxito en lograr tener algo que muy pocas personas han conseguido, pero, de no conseguirlo, van viviendo el día a día desanimados, a menos que alguna cosa poco común les suceda?

Sin embargo, la realidad es que el éxito lo pueden saborear cada día de su vida, y de aquí la importancia de planificar.

Veamos, quiero que intentes recordar qué sientes esos días en los que has hecho todo lo que te habías propuesto realizar. ¿Qué sensación sientes? Esa sensación se llama "satisfacción" y viene de haber conseguido el éxito de haber sido fiel a ti misma y no fallarte con lo que te habías propuesto.

Esto quiero que lo tengas muy presente para trabajar tu poder lila, porque te sugiere que tan solo con que intentes hacerlo lo mejor posible hoy mismo basta.

Vete a la cama a dormir hoy sabiendo que has hecho lo correcto y estarás saboreando las mieles del éxito, pero también estarás graduándote en un nivel mucho más superior que el resto, pues ganarás paz.

Si tú te pones a pensar en todas las veces que tendrás que decir "cancelar" y corregir durante toda tu vida, estarás causándote un estrés innecesario que no vale la pena. Lo importante no es ser perfecto y que no te equivoques nunca, al contrario, lo realmente valioso será que actúes realizando **tu máximo es-**

fuerzo y de esta manera irte a dormir ese día exitosa y satisfecha.

De modo que, si al final de tu vida hubieras tenido, por darte un ejemplo, el 100 % de errores, tuvieras tan solo un 80 % o 70 %.

EJERCICIO UN MUNDO IDEAL

Este conocimiento es importante que lo conozcas y lo estudies mucho. Si has creado ya tu grupo de apoyo de mamás superpoderosas, repasen juntas, pueden incluso crear su propio día del poder de la palabra, y ese día se ofrecen todas a dedicar un rato para **intercambiar palabras positivas** con alto poder las unas con las otras.

"Eres una gran mamá y lo sabes", "Eres una campeona", "Eres una estupenda profesionista", "Eres una mujer muy enérgica", "Qué sana y fuerte eres".

Aprovechen para sanar y liberar a sus compañeras de cualquier "trato", por así llamarlo, que hayan podido estar sufriendo hasta el día de hoy.

Dejen volar su imaginación, usen su mente para crear su mundo ideal. Se lo pasarán muy bien hechizándose las unas a las otras con palabras llenas de luz.

Este ejercicio es importante que lo trabajen de todas las maneras posibles, por ejemplo, enviar un mensaje de voz o de texto a una compañera del grupo reforzándola:

"Buenos días, mamá superpoderosa, hoy estás más fuerte que nunca".

Poco a poco se irán conociendo más y podrán personalizar las palabras.

Todos cuentan

No olvides que tu mundo ideal existe, así que no dejes de trabajarlo con tus hijos, dedica palabras de poder positivas cada día para ellos y para tu pareja también.

Si tu marido tiene un defecto que crees que podría mejorar, no le critiques ni le digas malas palabras, lo podrías estar condenando a ser de esta manera injustamente.

Mejor dedícale palabras que lo hagan sentirse bien, y él no te defraudará.

Somos cocreadores de nuestra propia experiencia, y nuestra mente y verbo crean.

"La lengua es una espada de doble filo, con ella podemos bendecir o maldecir, edificar o derribar, animar o abatir, transmitir vida o muerte, aceptar o rechazar, perdonar o condenar".

Mateo 12:36, 37

Como ves, no solo la cultura tolteca era conocedora de esto, sino que también se habla de esto en la Biblia.

Por ello es de gran importancia que despiertes más tu parte espiritual, pues, desde que has nacido, personas **pobres de fe** te han estado enseñando que no creas en nada que no puedas ver primero. Pero tú ahora sabes que la fe mueve montañas y crea milagros de verdad, que todo lo que te han estado diciendo hasta ahora de que no podías era una mentira.

Tú les has creído y obtienes resultados similares, a partir de ahora tienes que ser una mujer que sepa filtrar los consejos.

No escuches los consejos de una persona fracasada, por muy buena intención que esta tenga contigo. De sobra está decirte que le agradeces el gesto, pero no por ello sigas el consejo, a menos que personas con éxito de verdad en el tema también te lo aconsejen.

Aunque será muy raro, es muy difícil que una persona que no es capaz de arriesgarse te aconseje que te arriesgues tú.

Ellos te aconsejarán de acuerdo a lo que ellos harían, y la vida de ellos no es más que sobrevivir y no sobresalir, así que muy difícilmente te darán un consejo indicado, incluso aunque sean tus propios padres.

Recuerda que ellos, sin intención de dañarte, eso está claro, te han transmitido las mismas creencias que sus padres hicieron con ellos, y de esa misma manera te han educado a ti.

Por eso, querida lectora, te invito a que rompas esos patrones que te han estado limitando, y demuéstrales a todos que tú brillas con luz propia.

Bendice a tus hijos, a tus padres, a toda tu familia, dando lo mejor de ti cada día.

¿QUÉ ESTÁ PASANDO?

Una cosa muy común en las personas que despiertan su poder lila es que notan cómo empieza a cambiar todo su entorno social. Notan que les buscan personas que antes no hablaban con ellas, aparece gente nueva y desaparece la que estaba anteriormente. Esto es debido a que ya no vibran igual y aparecen personas que sí lo hacen. **Una de las leyes del universo.**

Cuando tengas tu grupo de apoyo mismo, verás que las que empiecen a trabajar duro y a elevarse seguirán unidas, mientras que a las que se rindan, porque su sistema de creencias es más fuerte, les indica que no pueden y les hace sentir incómodas aprendiendo y creciendo, solas las verás desaparecer.

Y, si es el caso, permíteles hacerlo, es mucho más conveniente que os unáis las que estáis dispuestas a crear un cambio de verdadera transformación en vuestras vidas, siendo una mujer y mamá plena.

Habrá quienes con el paso de los años reconocerán que se equivocaron, pero eso no debe de quitarte tu atención y foco ahora.

"Nada reposa, todo se mueve y todo vibra".

El Kybalión

CAPÍTULO 11

DESPERTANDO EL PODER LILA CON MIS HIJOS

C omo ya has pocido observar, es de vital importancia que **despiertes tu poder lila** para que
seas consciente de tus actos y trabajes en favor de
ellos, siempre manteniendo una fe certera.

En el sendero de la maternidad también es de vital
importancia que tú estés fuerte en todos los sentidos,
tus hijos viéndote empezarán a sentir una gran curiosidad sobre tus nuevos cambios.

Lo primero que tienes que hacer es demostrar tu poder lila a través de tus actos, de tus reacciones, de
tus pensamientos, etc.

Así, tus hijos podrán vivir la espiritualidad y no solo la
escucharán como la mayoría, como una religión exclusiva de quienes la practican, como algo que solo
puedes obtener si vas a un centro religioso, como
algo que quizá nunca llegarás a ver.

Esto no les pasará. Demuéstrales la verdadera espiritualidad, los actos de amor verdadero y la fe en cada
uno de tus actos.

Demuestra la fuerza interior de mujer, de madre, de ser humano bendecido con toda su luz infinita. Recuerda que la principal manera de enseñar es haciendo.

Si te ven leer más libros de lo habitual, un día descubrirás que te dirán que quieren sus propios libros ellos también, ya que, al verte tan entusiasmada con ellos, les entrará la curiosidad de ver qué es lo que tanto te apasiona.

De igual manera, si empiezas a comer más sano, a ejercitarte, a meditar, todo esto ellos lo irán viendo en ti y muy probablemente les surgirá esa inquietud, sobre todo si son más pequeños.

Aunque ya te digo que tus cambios, cuando empiecen a ser más notorios, van a influir en todo tu entorno e incluso podrás ver amigas que empezarán a querer actuar como tú.

Si eso te sucede no te molestes por ello, al contrario, alégrate porque será una señal de que estás haciendo las cosas bien, ve a esa persona como fruto de tu siembra.

Así pues, queda claro que la principal manera de influir en tus hijos y todo tu entorno será lo que hagas contigo misma.

Sin embargo, no está de más que estés preparada con algunos consejos que voy a darte para que, si crees necesario en un momento determinado trabajar más a fondo el poder lila con tus hijos, lo hagas.

Los niños van creciendo y van formando su personalidad poco a poco, y estos cambios que van teniendo día a día muchas veces los padres en general no están preparados para afrontarlos.

196

Un día pueden sorprenderte con episodios realmente complicados de sobrellevar, por ello, si tú estás más feliz, podrás tener la paciencia que se requiere para actuar, no te digo debidamente, porque tal como te he dicho no se puede ser perfecto, pero sí que puedes actuar lo mejor posible dentro de lo que esté en tus manos, ¿no crees?

La espiritualidad es una de las cosas más importantes en la personalidad de los niños. Inculcar todo lo bello del sentido de la vida, desde que son pequeños, es primordial, y esto se cultivará como un componente preventivo, creando valores y principios necesarios para manejar las diferentes dificultades ante el materialismo, dándoles motivación a sus inocentes existencias.

Ahora tenemos claro que el primer paso es dar ejemplo. Veamos cuáles pueden ser los siguientes pasos para ayudarles a encaminar simplemente su parte espiritual, pues ellos están aún mucho más conectados a la fuente del amor que los adultos.

Sin embargo, es importante que les ayudes a mantener este lazo y no perderlo en el camino. Muchos niños con conductas violentas tan solo desean atención, cariño y amor.

El hecho de trabajar con ellos esta parte más espiritual les permitirá aprender a gestionar mejor sus emociones, estas emociones que, aun de adultos, seguimos aprendiendo a gestionar. No es fácil controlarnos ante las diferentes cosas que se presentan.

Incluso en el camino, aunque se nos presenten situaciones que de niños ya habíamos superado, lo cierto es que reaccionamos como si nunca nos hubieran pasado.

Te daré un ejemplo. Tu hijo derrama la leche encima de su ropa y tú le dices: "No pasa nada, cariño". La situación se repite otro día, pero ahora el niño/a te dice: "Oh, mamá, se me ha derramado la leche, pero no pasa nada", y se queda tranquilo/a.

De momento parece que ha aprendido a no angustiarse tanto si se le derrama la leche.

Con el paso de los años, tu hijo/a es un/a adolescente, se le derrama el vaso de la bebida que esté tomando y le escuchas decir: "No puede ser, justo ahora que ya me voy", e incluso mil palabras más, superenfadado/a… Aquí está la primera señal de que está nuevamente aprendiendo.

Luego, se convierte en un adulto, tiene hijos y le derraman la leche encima de la ropa, justo antes de irse a trabajar.

Y nuevamente explota enfadado/a, argumentando que se le hará tarde porque se tendrá que volver a cambiar, y que encima a saber si esa mancha se quita.

Como ves, los seres humanos tenemos que trabajar nuestras emociones toda la vida, porque dependiendo del contexto reaccionamos muy diferente a las mismas situaciones.

Si tú tienes esto claro entenderás la importancia de ayudar a tu hijo/a a trabajarlas y no le juzgarás o regañarás cuando manifieste un episodio de enfado al no saber controlar la situación.

EL PODER LILA MUSICAL

Está demostrado que la música tiene un alto poder sobre las emociones, veamos un poco sobre esto.

Si escuchamos, cantamos o interpretamos alguna obra musical, tocamos o improvisamos un instrumento, componemos, escuchamos, **pensamos y actuamos sobre sonidos**, nuestra **red de neuronas se amplía** con una serie de conexiones únicas, distintas a todas las del resto de personas, que podrían definirse como las huellas dactilares de nuestra actividad musical.

Todo esto da lugar a una gran actividad del cerebro.

Por lo tanto, la música es considerada como uno de los elementos con mayor capacidad para la **integración neurofuncional** y **neuropsicológica**.

Ya que la música nos proporciona una compleja actividad cerebral que contribuye a desarrollar la percepción sonora, **estados de ánimo, conductas cognitivas, perceptivo–motrices y un largo etc**., la actividad se resume en una función, tanto receptiva como ejecutiva, del cerebro que **permite modificar conductas.**

Así que, como ves, la música es un poder que no puedes dejar de aplicar en tu vida. Pero veamos cómo puedes usar este maravilloso poder de la música a tu favor en situaciones de conductas indeseadas o de alta tensión.

De sobra está decir que aprovechar instantes para incluir música relajante en tu vida es una gran opción, pero ahora quiero compartirte la magia que puedes crear tan solo activando un instrumento maravilloso, del cual ya te hablé anteriormente.

Estoy hablando del Koshi. Este fantástico instrumento de viento puede llegar a ser tu más grande aliado en momentos de dificultad. Veamos cómo sacar el mayor provecho de sus beneficios a través de su dulce melodía.

Quiero iniciar los ejercicios del poder lila para niños recomendándote que adquieras el instrumento de viento Koshi, del cual te hablé anteriormente.

Este instrumento no solo ayuda a mantener armonía en el hogar, sino que es un excelente aliado para subir la vibración ante una situación de tensión. Veamos cómo.

EJERCICIO SAN KOSHI

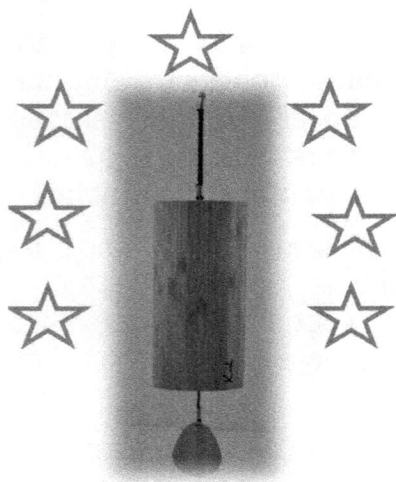

A continuación, te compartiré un ejercicio con el instrumento Koshi para despertar el poder lila en momentos de tensión con tus hijos.

Este ejercicio es **altamente efectivo** y puedes realizarlo una vez notes que tu hijo/a está empezando a tener un enfado sin aparente motivo o bien cuando ya estáis dentro de un momento de tensión muy grande, estos en los cuales ya no sabes a qué Dios rezarle ni a qué ángel invocar. Pues ese es el momento de ponerte manos a la obra con el Koshi.

Este instrumento tiene un aro con el cual puedes sujetarlo con los dedos de manera que empiece a crear la música en cada balanceo.

Toma tu Koshi y empieza a tocarlo, con mucha fe, puede parecer un momento gracioso, y eso ayuda aún mucho más.

Desde el primer momento que empieces a tocarlo verás cómo el niño/a empieza a bajar el tono y la tensión. No pares de tocarlo, camina con él, mantén un estado de serenidad confiando en que esto funciona.

Si es grande hasta lo puedes hacer reír, y si es pequeño verás cómo mágicamente dejará de realizar el papel que estaba interpretando de niño/a enfadado/a. Verás que se calma, sin saber qué ha pasado, e incluso después quizás te pida que le dejes tocarlo. Déjale que lo haga, el Koshi es un instrumento fácil de manipular para ellos.

Este método lo he comprobado repetidas veces con éxito y, créeme, funciona.

RELAJACIÓN MANTA MÁGICA

Los materiales para realizar la siguiente actividad pueden ser los aquí recomendados o bien otros parecidos que funcionen de la misma manera, recuerda dejar volar tu creatividad para crear un momento más inolvidable.

Hoy en día la sociedad en la que vivimos va tomando más consciencia de la importancia de dedicar un momento del día para desconectar. Esto nos permite cargarnos de energía para poder continuar.

Incluso ya algunos colegios dedican un día a la semana o más para practicar *mindfulness* debido a sus grandes beneficios para mejorar la atención de los niños y para ayudarles a mantener la calma.

La siguiente relajación es especial para trabajar **el poder lila** con tu hijo/a, de este modo no solo os estaréis ayudando mutuamente a despertar este poder espiritual, sino que al mismo tiempo estaréis trabajando vuestra parte afectiva, estableciendo lazos más sólidos de confianza y amor.

Un niño/a que crece sintiendo confianza en sus padres no le teme a nada ni a nadie. De esta manera eliminas el principal enemigo del éxito en su vida: **EL MIEDO.**

Una excelente y divertida manera de trabajarlo en casa es invitándole a estirarse en una esterilla o manta, puedes escoger cualquier manta de casa si no tienes una esterilla para empezar. Pero yo te recomiendo que pongas cariño en la realización de este tipo de actividades, así que, a ser posible, consíguele una esterilla especial para niños de su color favorito o con dibujos. Hoy en día es muy fácil conseguir de diversos tipos.

De esta manera, tu hijo/a estará mucho más emocionado/a por conocer y practicar a tu lado el ejercicio, pues sabe que está hecha especialmente para él o ella.

Consigue una manta suave, puede ser un pañuelo, intenta que sea ni muy larga ni muy corta, y de una textura delicada, que al tener contacto con la piel de tu hijo/a sea agradable, y evita composiciones que puedan provocar alergias.

De igual manera, consíguela a ser posible de estampados divertidos o con dibujos de colores o de la naturaleza. Si lo deseas puedes rociar unas gotas de esencia de mandarina en la manta. Recuerda estar segura de que la esencia escogida no le provoque alergias. Intento ser muy cuidadosa con esto, pues soy consciente de las enormes diferencias de cada niño o niña.

Y si no le viene bien, no importa, lo que sí, por favor, evita los inciensos o velas, ya que el humo no es recomendable para edades pequeñas, además, puede dar pie a un accidente, y cambiaríamos totalmente la intención.

Prepara tu instrumento Koshi, ya que puede ayudarte a trabajar más efectivamente esta actividad. Una vez preparado todo tu material, ha llegado el momento de empezar.

Ahora invítale a estirarse encima de la esterilla y cerrar los ojos, si no le gusta cerrarlos déjale, disfrutará mucho igualmente.

Si has decidido apoyarte con el Koshi, empieza a hacerlo sonar con una mano mientras le vas relatando a tu hijo/a una historia.

Aquí debes usar tu imaginación dependiendo del tema que quieras trabajar en cada ocasión, como, por ejemplo, si quieres quitarle miedos o si quieres que se recupere de un resfriado.

Explicarás una breve historia, no muy larga, de manera que el niño/a pueda ir siguiendo una meditación guiada.

Sobre todo, piensa en usar palabras fáciles de imaginar para su edad.

Un ejemplo: "Escucha el sonido de la música, es muy hermoso y agradable, qué bien te hace sentir. Mira, ahora te haré un pequeño masaje con la manta mágica". Seguidamente, empiezas a realizarle masajes con la manta suavemente, pasándola por su cara, brazos, piernas, siempre suave y sin excederte.

Será algo breve, no mucho porque podría cansarse. Si el niño/a está con los ojos cerrados, le avisas de qué parte de su cuerpo toca la manta mágica, si los tiene abiertos, permítele jugar con ella, que la manipule si lo desea.

Dile: "Mira, esta manta mágica se lleva los miedos", "...se lleva los resfriados", "...se lleva al monstruo de la ira".

Tan solo piensa en lo que tú quieras trabajar y personalízalo.

También puedes hacerlo de manera positiva afirmándole que le regala poderes: "La manta mágica te toca las manos y te ha dado el don de aprender a escribir", "Te ha vuelto un/a campeón/a y eres el/la mejor bailarín/a del mundo", "Te regala mucha fuerza", "Te regala salud", "Todo lo que toca la manta se pone feliz".

De esta manera, vas trabajando el poder de la palabra, el poder de la música con el Koshi, el poder de la relajación y el de la meditación.

Y el poder de la confianza en sí mismo.

Como ves, esta es una actividad que no puedes permitirte no hacer. Después, invítale a invertir papeles. Les encanta sentir que ellos saben hacerlo todo, y tú disfrutarás de un momento de relajación inolvidable.

Mi hija tiene tres años y ama cuando le toca ser ella quien me acaricia con la manta mágica y al mismo tiempo suena el Koshi, además que no para de reír. Como ves, todo lo que te recomiendo lo he creado y aplicado antes de recomendártelo en estos libros, que deseo te bendigan como mujer y madre. No olvides compartir tus resultados con el mundo entero.

CANTAMOS MANTRAS

Está demostrado que cantar mantras en la infancia les ayuda a conectarse con su universo interior:

☆ Favorecen su autoestima.

☆ Mejoran la concentración.

☆ Contribuyen a orientar su energía.

Antes de dormir, una buena rutina que puedes incluir con tus hijos es la de cantar mantras juntos.

Es una idea diferente a la clásica "vamos a leer un cuento". Las mamás superpoderosas explican cuentos y cantan mantras.

Hoy en día, Internet está lleno de diferentes posibilidades para que escojas una que les guste a ambos.

Nuevamente mi consejo es que escojas aquel que lleve palabras más adecuadas en relación a lo que esperas conseguir.

Colóquense ambos o ambas sentados/as en posición flor de loto de yoga y, a continuación, cojan aire por la nariz y prosigan a cantar.

Te dejo este siguiente mantra como ejemplo, el cual, personalmente, se me hace fácil y divertido, y su principal intención es la de encontrar el equilibrio de ambos hemisferios, así como el de nuestra identidad.

RA RA RA RA

(Sube la mano derecha al cantarlo)

MA MA MA MA

(Sube ahora la mano izquierda y
entrelaza los dedos)

RAMA RAMA RAMA RAMA

(Desciende ambas manos entrelazadas
simulando el movimiento de una cobra)

SA TA NA MA

(Separa ambas manos y colócalas con las
palmas de las manos viendo hacia arriba)

Repítelo varias veces.

Obviamente otra excelente manera de acercaros juntos a despertar vuestro poder lila es practicando yoga.

Estas actividades o ejercicios que te comparto te ayudarán a mejorar la relación con tus hijos y a que vayáis todos en familia aprendiendo en conjunto a trabajar vuestras emociones, podéis invitar al papá si está en casa y así lo desea. De sobra está decir que será doblemente beneficioso.

Y esto es una prueba más de lo aventajada que tú estás con el resto de mujeres que no son mamás. Mientras que muchas piensan que ser madre las puede limitar en su crecimiento profesional, la realidad es que ellos nos enseñan y nos dan la fuerza más grande que existe en el universo para lograrlo todo.

Recuerda que este es tu inicio, el inicio de ser una mamá superpoderosa que brilla con luz propia.

Soy consciente de que hay mucho más que trabajar con los niños, y por ello estoy ya preparando a la par de esta trilogía una trilogía especial para niños, para que ellos puedan desde pequeños, no activar sus poderes, ellos ya los tienen activados todos, sino entender que no deben permitir que nadie se los desactive y que los usen siempre a su favor. De esta manera, también pretendo ayudarte como madre, pues son nuevas herramientas que les permitirán crear más empatía contigo, que eres su mamá, y con el resto del mundo. Así te apoyarán mucho más en este camino.

Quiero terminar este capítulo con una historia que considero que te ayudará a seleccionar mucho mejor el tipo de educación que darás a tus hijos, pero que, al mismo tiempo, te hará reaccionar sobre el tipo de educación que has recibido.

Con esta historia reflexionarás mucho, y al ser de toque infantil podrás compartirla el día que quieras con tus hijos y, de esta manera, hacerles ver que una cosa son las normas de una escuela y otra muy diferente es que se dejen limitar.

Enséñales a mantenerse firmes ante sus deseos y mantente tú junto con ellos fiel a los tuyos.

Conozcamos pues la historia de Carlitos.

Este cuento tiene diversas versiones y múltiples orígenes, está contado de muchas maneras y recogido en múltiples blogs dedicados a educación.

Yo aquí te lo explico con mi propia versión, espero que te guste.

LA HISTORIA DE CARLITOS

Pues bien, nuestro protagonista es un niño llamado Carlitos, tiene tres años de edad y está muy contento porque hoy inicia P3, es decir, que pasa de la guardería al cole de niños grandes.

Su mochila era muy especial, se la había regalado su abuela, era la más grande, la más bonita, estaba decorada con sus dibujos favoritos.

Su mamá le había contado las maravillas que encontraría en aquel nuevo cole, muchos amigos y amigas, maestras estupendas, juegos y juguetes… Su padre le explicaba que juntos aprenderían cuentos, bailes y canciones…

En la mochila guardó una caja de rotuladores precio-sos, eran rotuladores de punta gorda con purpurina, de esos que pintan fácil y bonito. Se los había traído su tío de un largo viaje, y él, en lugar de gastarlos, los había guardado en la mochila para poder llevarlos al cole.

En su mochila había guardado un libro con muchas letras y dibujos preciosos, un libro de mayores con muchas páginas, y, aunque él no sabía leer, podía imaginar perfectamente lo que ponía, y en pocos días lo sabría sin problema.

En la mochila también metió un precioso cuaderno de hojas blancas para llenarlo de dibujos y letras bonitas y una caracola que había encontrado ese verano en la playa y que siempre pensó que tenía poderes y con-cedía deseos. Cuando su maestra le preguntara sobre cosas divertidas que le habían pasado, él le contaría la historia de la caracola y se la podría enseñar.

Cuando iba a salir de su habitación, se fijó en su osito de peluche, con el que dormía cada noche, pensó que si lo dejaba se sentiría muy solo, así que también lo metió en su mochila.

Su mamá le había preparado un bocadillo gigante, él nunca se había comido un bocadillo tan grande, pero también lo metió en la mochila.

Al entrar en el patio del colegio vio muchas filas, filas de niños y niñas que esperaban que se abrieran las puertas de sus aulas. Su madre no soltaba su mano y cada poco le repetía:

—Vendré pronto, Carlitos, no te preocupes.

Él no estaba preocupado y solo quería ver su clase, sus juguetes, su maestra, sus nuevos amigos…

Sonó una sirena, era desagradable, parecía que había sucedido algo malo, un incendio o alguna cosa preocupante, pero no, tan solo era la manera de avisar de que empezaban pronto las clases.

De pronto, un grupo de maestros y maestras abrieron la puerta de sus clases. Carlitos quería soltar la mano de su madre y esta no se lo ponía fácil, lo besaba y le decía:

—¡Todo irá bien!

"Pues claro", pensaba él.

Mientras andaba en la fila iba planeando qué historia le contaría a su profesora cuando le preguntara, si la de la caracola o la del caballo que conoció con su abuelo… Al entrar en clase, la maestra dijo:

—¡Cállense! ¡Siéntense!

Carlitos pensó: "No he hablado, vale, me siento, aunque no estoy cansado".

Entonces pensó: "Ahora nos contará cómo se llama, qué le gusta, historias bonitas…, y nos preguntará por las nuestras".

La maestra tomó la palabra.

—Hoy vamos a pintar.

"¡Bien!", pensó Carlitos. A él le gustaba pintar. Le encantaba pintar coches de carreras, circuitos de alta velocidad. Conocía todas las marcas de coches y sabía pintarlos. Aquel día haría el más bonito de su vida.

La maestra repartió folios blancos y ceras duras y dijo:

—Hoy pintaremos flores.

"¡Vale, bueno, las flores también me gustan!", pensó Carlitos.

Le gustaban las flores, sabía hacer flores coche, flores moto y flores camión… Todo tipo de flores…

Pero la maestra encendió la pizarra digital y mostró en ella una flor mientras decía:

—Hoy haréis todos una flor como esta.

Carlitos miró la flor que mostraba la maestra e imaginó todas las flores que tenía en la cabeza; le gustaban mucho más las suyas, pero las borró y dibujó una como la de la maestra.

Así pues, ese día Carlitos no explicó historias ni pudo pintar nada de lo que tenía ganas de pintar.

Al día siguiente todo se volvió a repetir.

Aquel día la maestra dijo:

—Hoy haremos plastilina.

"¡Bien!", pensó Carlitos. Le encantaba la plastilina, podía hacer circuitos y coches de carreras, moradas, verdes, negras, ¡uy, cuántos colores!

…La maestra añadió:

—¡Hoy sacaremos la plastilina roja!

"¡Bien!", pensó Carlitos. Podía hacer coches de carreras de plastilina roja, volcanes, montañas y ríos de plastilina roja… En realidad, lo que más le gustaba era hacerlo con barro y luego pintarlo, pero se apañaría con plastilina roja.

—¡Esperad! —dijo la maestra—. Hoy haremos churritos de plastilina.

Carlitos miró el churrito que mostraba la maestra. Le gustaban más sus coches, sus volcanes, pero los aplastó todos en su imaginación e hizo uno como el de la maestra.

El segundo día tampoco había contado nada. Cuando llegó su mamá a recogerlo lo abrazó y de nuevo le preguntó:

—Cariño, ¿qué habéis hecho hoy?

El niño, con algo de tristeza, contestó:

—Nada.

Al terminar el curso todo seguía en el mismo sitio, pero sucedió que, al año siguiente, su familia tuvo que trasladarse de ciudad por trabajo y a él lo cambiaron de cole.

Llegó el primer día de clases, pero Carlitos no preparó mochila, no guardó caracolas.

Al llegar al nuevo cole, Carlitos no encontraba su clase y eso le hizo sentir algo de miedo… Al final, un niño mayor que pasaba por allí se acercó y le acompañó. Entró en su clase, buscó una silla vacía (casi nadie estaba sentado) y se sentó.

Se sentó y esperó. Todos se acercaron a ella y la abrazaron, era la misma del año anterior, era su profe, la que los acompañaría hasta el final de su etapa infantil.

La profesora se sentó con ellos en el suelo. Descubrió que había algunos niños nuevos, como Carlitos, y entonces ella se presentó.

Les contó que se llamaba María, que le gustaban mucho los niños, los cuentos de hadas y de aventuras, les contó que le gustaban los libros de poesía, pintar con pincel y también coser. Les contó que cuando cocinaba se lo pasaba muy bien y que le encantaba coleccionar conchas y caracolas; su lugar preferido era el mar.

Los niños contaron también sus aventuras del verano… Pero Carlitos no tenía historia para contar, no la había preparado y la de la caracola y la del caballo estaban olvidadas.

María les dijo:

—Hoy vamos a pintar…

Repartió folios de muchos colores, muchos tipos de pinturas, rotuladores de punta gorda, pintura de dedos, témpera, acuarelas, ceras blandas, ceras duras… Niños y niñas utilizaban todos los materiales y pintaban. La profe María se acercó a Carlitos y le preguntó:

—Carlitos, ¿no pintas?

—Profe, ¿qué pinto?

—Carlitos, pinta lo que tú quieras pintar.

—Pero, ¿qué pinto?

Carlitos estaba a punto de echarse a llorar cuando cogió un folio blanco, unas ceras duras y pintó. Pintó una flor roja con el tallo verde.

Como ves, Carlitos se acostumbró solamente a seguir las indicaciones, ya **no dejaba volar su creatividad**, en el cole anterior le habían dejado claro que él no podía decidir, que tan solo debía obedecer.

Sin que le dijeran qué tenía que hacer, se perdía porque estaba acostumbrado a seguir pautas y no a razonar por sí mismo.

Por ello, querida lectora, espero que reflexiones sobre este mensaje y te des cuenta de en qué momento perdiste tus alas. Búscalas, póntelas, vuela tan alto como lo desees y, sobre todo, no permitas nunca que les corten las alas a tus hijos.

Vuela y brilla con luz propia.

CAPÍTULO 12

SOY MAMÁ Y BRILLO CON LUZ PROPIA

Como ves, querida lectora, la idea de que las mujeres al convertirse en madres ya no pueden aspirar a más ya no se concibe en nuestra actualidad.

Estamos viviendo una era de personas más despiertas, y como madre eres la elegida para liderar este despertar.

TÚ ERES LA GUÍA

¿Has escuchado alguna vez a las personas decir que venimos a este mundo sin un manual?

Lo cierto es que se equivocan, tú, querida lectora, que eres mamá, eres ese **manual o guía** que tu hijo/a necesita para conseguir brillar.

Todos los pasos que seguir están dentro de ti.

Tú, con tu **poder azul clarificador,** conoces esas respuestas. Tú, que tienes la fuerza de tu **poder verde sanador y protector** para llenarte de energía y acompañarle en su camino.

Tú, que tienes dentro **el poder rosa empático** para comprenderle en sus momentos de confusión y enseñarle lo que le sucede. Tú, que posees dentro de ti tu poder rojo amoroso, que te permite sentir el amor más grande que pueda existir, el amor de madre, ese amor que te impulsa y da fuerza cada día.

Tú, que tienes **despierto tu poder lila** y das pasos sin miedo, pues caminas con fe certera y abriendo nuevos horizontes para ti y para todos los tuyos.

Recapitulemos, ¿qué es entonces lo que tengo que aprender?

Nada en esta vida es coincidencia, está demostrado que solo existe la **causalidad,** todo tiene un porqué, y tú estás aquí terminando el tercer tomo de esta trilogía porque con todo lo que has aprendido realizarás algo importante.

Yo confío en ti, querida lectora, y sé que no te vas a dar por vencida y que a partir de ahora llevas integrada el arma más poderosa que existe: **el conocimiento**. La ignorancia es peligrosa, **el conocimiento te da poder**, y con esto no hay nada ni nadie que pueda detenerte.

Ahora sabes que detrás de cada dificultad en tu vida se esconde un aprendizaje que debes trabajar en ti. Ya no buscarás **culpables externos**, ahora reconoces tu responsabilidad en tu vida y trabajas contigo desde dentro para proyectar luz universal de éxito y de amor infinito.

No olvides que la luz de tu poder lila te acompaña con todo su resplandor, nota siempre que lo necesites ese poder, que eres mujer, que eres madre y que eres mucho más poderosa que cualquiera.

Ahora ya sabes que para lograr una verdadera transformación en tu propio sendero hacia una crianza feliz debes primero lograr crearla en el sendero hacia tu propósito de vida.

Solo **conociéndote a ti misma** podrás dar pasos a tu favor, y para esto te ayudará tu poder lila espiritual, el cual te da las respuestas que yacen en tu interior y te recuerda que no debes tener miedo a actuar, porque todos los cambios son siempre favorables.

La mayoría de personas que llegan a la cúspide del éxito son personas que se arriesgan al cambio, salen de su zona de confort y van en busca de lo que quieren en verdad.

¿Conoces o has escuchado cómo las personas con alto rango han llegado hasta ahí?

A menos que seas hijo de un empresario muy importante, muy difícilmente llegarás a ese rango con tu primer trabajo. Absolutamente todos inician con un empleo más pequeño, y luego, a medida que van adquiriendo más preparación, tienen las agallas para dejar ese trabajo y hacen el salto.

Las personas que no logran nada con su vida son personas que no salen de la zona de confort, adquieren un pequeño trabajo en la adolescencia y viven con el miedo de dejarlo por no poder encontrar algo mejor. Esto solo les lleva a estancarse y no avanzar, no es ni siquiera sano permanecer tanto tiempo en un mismo empleo.

"Todo lo que siempre has querido está al otro lado del miedo".

Anónimo

Las personas venimos a crecer, a evolucionar, a expandirnos, y con miedo no se consigue.

Sabes que debes luchar sin perder nunca el sentido de tu propósito.

Una mamá exitosa es una mujer que trabaja duro para mantener ese equilibrio, pero no trabaja en cualquier trabajo, trabaja en su verdadera pasión y con ella da su máximo esfuerzo y dedicación.

Esto es lo que le permite estar plena y tener la paciencia necesaria para poder enfrentarse a todas las dificultades que se le van presentando.

Una mamá exitosa **planifica**, planifica todo, no deja nada al azar. Esto le permite a ella tener el **control de su vida**, ella no lo deja a la suerte, sabe perfectamente que la suerte no existe.

Existe el compromiso, la dedicación, el esfuerzo y el trabajo duro.

Una mamá exitosa no está peleada con la gente rica, le gusta que los demás tengan **abundancia**, pues eso le motiva porque ve que si los demás pueden ella también.

También has podido aprender el tipo de mentalidad de diferentes mujeres exitosas, ellas practican la mentalidad en crecimiento, aquella que acepta cambios, aquella que viene de la humildad de no saberlo todo y de aprender. Aquella que está abierta a dejarse ayudar y a ayudar también.

Has podido ver cómo ser madre no les limita, al contrario, les beneficia, pues les exige llevar mayor organización en su vida, y eso es vital para llegar al éxito.

Te he mostrado a lo largo de este libro que es importante que tengas un balance en tu vida, tanto en lo profesional como en lo personal.

Has podido conocer diferentes maneras para crearlo y a detectar tus prioridades innegociables, manteniendo siempre fidelidad a ti misma.

Has profundizado el valor de dedicar tiempo de calidad a los hijos y a tu hogar entero. Ahora sabes que puedes tenerlo todo al mismo tiempo y que hay que esforzarse y no sacrificarse.

El sacrificio no beneficia a nadie porque sabes que una mujer y mamá superpoderosa es **productiva** y siempre debe estar aprendiendo y ejecutando sus aprendizajes.

Has descubierto que las mujeres de éxito no tienen miedo a exigir sus derechos, pues es lo más normal del mundo. Ellas saben lo que quieren y no aceptan negociaciones, saben que, de lo contrario, corren peligro de caer en el rol de mamá víctima, aquella que una vez acepta cosas con las que no está de acuerdo luego se queja.

La mamá superpoderosa sabe que es la principal responsable de cada uno de sus actos; si quiere lucir un cuerpo esbelto, se esfuerza para buscar ese momento del día para ejercitarse y lo hace, prepara comidas sanas, despierta su poder lila meditando, haciendo yoga, leyendo, siendo amable.

Ella crea su propia realidad. Sabe que todo lo que desea lo puede hacer, tan solo debe actuar sin miedo y cambiando antiguas creencias que la han estado limitando por años.

La mamá superpoderosa se vacía de esas creencias, crea un *reset*, cancela todo aquello que le perjudica y llena su mente de nuevas ideas que le permiten vivir con mayor plenitud.

Has aprendido que, decidas lo que decidas, tienes la posibilidad de brillar con luz propia allá donde vayas si haces las cosas dando siempre lo mejor de ti.

Has podido ver que vale más el trabajo duro que el talento y has descubierto que dentro de ti posees poderes mayores de los que pensabas, como el poder de las palabras, con el que puedes crear tu realidad ideal.

Has visto la importancia de despertar tu **poder lila espiritual** en toda tu vida y de los beneficios que puede aportarte si lo trabajas también con tus hijos. Sabes que el mayor legado que dejarás a tus hijos es tu ejemplo y, por ello, te pones tu máscara de oxígeno y proteges tus huevos de oro.

Recuerda que lo importante no es lograr la perfección, sino realizar tu mayor esfuerzo cada día, y que el éxito lo vas forjando con cada una de tus acciones.

Lo importante es reducir al máximo los errores y encaminarte cada vez más hacia tus sueños.

Quiero felicitarte por haber llegado hasta aquí, recuerda que este es tan solo el inicio de un camino maravilloso, te esperan grandes bendiciones.

Si deseas una sesión privada no dudes en contactarme en **www.dianypeñaloza.com.** Estaré encantada de poderte ayudar.

Mil gracias, y recuerda que una mamá superpoderosa no nace, se hace.

SÍGUEME EN MIS REDES SOCIALES

DianyPeñaloza

DianyPeñaloza

DianyPeñaloza

www.dianypeñaloza.com

www.ingramcontent.com/pod-product-compliance
Lightning Source LLC
Chambersburg PA
CBHW031952080426
42735CB00007B/361